KB213055

Dedicated to my beloved wife, Lucy

성서에서는 삭제된

성모 마리아의 숨겨진 이야기

예수님 외할머니 · 성모 · 예수탄생까지의 숨겨진 이야기 · 회귀기록

The Hidden Stories of Mother Mary Deleted in the Bible

초판 1쇄 펴낸 날 2019. 11. 15

지 은 이 閔熙積[閔丹] · 李進雨[進禹] · 李源日[元] 공저

펴 낸 이 이진우(베네딕트)

편 집 허조행(아우구스티노)

교 정 이문수(마태)

마 케 팅 전진근 · 조관세(요한) · 이수월(시몬)

디 자 인 박채은(로사)

펴 낸 데 도서출판 블루리본

등 록 번 호 제18-49(98.1.21)

주 소 서울시 강남구 역삼동 837-11 Union Ctr 1305

전 화 (02) 3442-0256(대표)

팩 스 (02) 512-0256

전 자 우 편 brbooks@hanmail.net

Copyright ⓒ 2019 Blue Ribbon Books® Publishing Co.

블루리본® BLUE RIBBON® BOOKS

값 15,000원

ISBN 978-89-88185-44-5 03200

*서점에서 책을 사실 수 없는 분들은 전화로 주문(02-3442-0256)
하시면 서점에 가시지 않고도 전국 어디서나 1-2일내 받아
보실 수 있습니다.

농 협 352-0902-3937-63 (예금주: 허영신)
국민은행 818502-04-152931
제일은행 441-20-165120

[성서의 뿌리 시리즈 - 마리아 탄생 복음서]

성서에서는 삭제된

성모 마리아의 숨겨진 이야기

예수님 외할머니 · 성모 · 예수탄생까지의 비화 · 희귀기록

The Hidden Stories of Mother Mary Deleted in the Bible

민희식 · 이진우
· 이원일 공저

· 마리아는 요셉의 두 번째 부인이었다!
· 마리아는 어려서부터 성전에 바쳐진 성전처녀였다!
· 요셉이 지팡이 점으로 마리아의 약혼자로 낙점된 비화
· 실제로는 마리아의 순결을 끝까지 의심하여 시험한 요셉
· 예수의 어머니 성모 마리아는 '뚱뚱한' 몸매였다고?
· 《꾸란》에도 나와 있는 마리아와 예수의 숨겨진 이야기들

도서
출판 블루 리본

우리가 예수님의 참모습과 가르침을 알지 못하면서 진정한 기독교인이라고 할 수는 없을 것이다.

우리는 예수님을 따른다고 하지만 부끄럽게도 예수님의 32년의 생애 중 무려 30년간의 시기, 즉 예수님이 어떤 성장기를 보냈으며 청년기에 사상과 지식이 어떻게 형성되었는지 그 과정을 보여주는 가장 중요한 시기에 관하여 전혀 알지 못하고 있다. 신약 4복음서는 예수님이 요한에게서 세례 받고 공생애를 시작하여 부활 승천하실 때까지의 불과 2년 남짓의 기록에 불과한 것이기 때문이다.

이것은 4세기에 신약성서를 편집할 당시, 예수님의 소년기와 청년기의 기록이 예수님의 인성人性을 여과 없이 드러낸다 하여 모조리 삭제되었기 때문이다.

일생을 목회자로서 주님께 바쳐온 나로서는 《성모 마리아의 숨겨진 이야기》를 통해 지금까지 삭제되어 알지 못하였던 예수님과 성모 마리아의 참모습에 대한 갈증을 해소할 수 있었으며 진정한 기독교인으로 거듭 날 수 있게 되어 더없이 기쁘다.

지금까지 알지 못하였던 구체적인 모습으로 살아 숨 쉬며 우리에게 다가오는 주님의 숨결과 생생한 감동을 느꼈다.

참된 신앙은 예수님을 바로 아는데서 시작되는 것이며, 그러기에 예수님의 일생에 대한 올바른 이해는 진정한 기독교인의 필수사항이다. 모든 교우 형제자매 여러분에게 이 책을 적극 추천한다.

대한예수교장로회 목사 朴玉來

장로교 합동정통 목사 (외 25명)

집필을 격려하는 글에서

✝ 주 찬미!

주여, 저를 당신의 도구로 써 주소서!
사람은 각자 그 직분에 충실하고 최선을 다하는 것이
바로 하느님의 뜻을 따르는 것이요,
모든 인류에 봉사하는 것이다.
학자는 마땅히 진리를 탐구하고 세상 모든 이들을 위해
진리의 등불을 아낌없이 밝혀주는 것이 곧 하느님의 뜻을
따르는 것 ….

하느님께서
민희식 박사님의 헌신적 연구와 천재적 영감으로 가득 찬
글을 통해
우리에게 예수님을 환히 밝혀 주신 데 대해 감사드린다.

나의 가장 사랑하는 오랜 벗 민희식 박사님,
신의 가호가 항상 함께 하시길!

♣ 저자의 자택을 방문하여 집필을
　격려하는 게오르규 신부님

《마리아 탄생 복음서》에 관하여

■ 《마리아 탄생 복음서》란 무엇인가?

첫 출판 당시 《성모 마리아의 숨겨진 이야기》의 원제는 《마리아 탄생 복음서Mariae, Evangelium de nativitate: The Gospel of the Nativity of Mary》였다.

그런데 많은 독자들께서 '마리아 탄생 복음서'라는 다소 모호한 명칭을 명확히 가슴에 와 닿는 제목으로 해달라고 요청하여 오신 바, 《성모 마리아의 숨겨진 이야기》를 병기하게 되었다.

《성모 마리아의 숨겨진 이야기》, 즉 《마리아 탄생 복음서》는 신약성서에서는 완전히 삭제되어 있는 알 수 없는 마리아에 관한 귀중한 정보의 보고이다.

이 복음서는 예수님의 외할아버지와 외할머니가 예수의 어머니 마리아를 임신하게 되기까지의 비화, 그리고 마리아의 탄생, 3살 된 마리아를 유대교 성전에 바치는 비화, 그리고 요셉이 마리아의 배우자로 낙점되기까지의 비화, 마리아의 성령에 의한 임신과 예수 탄생에 이르기까지의 성모 마리아의 삶과 그에 관련된 일련의 사건들과 비화를 기술한 전기적 복음서이다.

기독교 성립 초기에 이 복음서는 《의사 마태 복음서마태에 의한 마리아의 탄생복음서; Pseudo-Matthaei Evangelium》의 일부Libellus de Nativitate Sanctae Mariae; The Book of the Birth of Saint Mary로 시작되었으나, 5세기경에는 《마리아 탄생 복음서Evangelium de Nativitate Mariae》라는 제목의 개정판이 나왔으며, 9세기경부터는 독립된 복음서가 되었다.

2 《마리아 탄생 복음서》의 줄거리

신약 4복음서에서는 완전히 삭제되어 있지만, 《마리아 탄생 복음서》, 《의사 마태 복음서》, 《야고보 원복음서》에는 예수님의 외할아버지와 외할머니, 즉 성모 마리아의 아버지는 요아킴 Joachim이고, 어머니는 안나Anna; Anne/앤; 히브리어로는 Hanna/한나라고 나와 있다.

요아킴은 나사렛 태생으로 부유하였고 이스라엘에서 존경받는 인물이었다. 그의 아내 안나는 베들레헴에서 태어나 20살에 요아킴과 결혼하였다.

이들은 결혼한 지 20년이 지나도록 아이가 없어 요아킴은 예루살렘 신전에 가 많은 공물을 바치고 기도하지만 사제가 그를 내쫓아버린다. 유대교에서는 아이가 없다는 것은 여호와 신의 축복을 받지 못하는 것으로 여겨졌기 때문이었다.

낙심한 요아킴은 집으로 돌아가지 않고 광야에 있는 자기 목장으로 가 목동들과 함께 지내면서 40일 간 단식하며 신에게 자식을 청하는 기도를 바친다.

그의 부인 안나 또한 집에서 하나님께 울며 기도를 바친다. 그녀는 애가 없는 것이 자기 탓이라고 생각하고 남편을 걱정하면서 신에게 간절한 기도를 올린다.

하나님께서는 이들 부부의 간절한 기도를 들으셨다. 그리하여 어느 날 천사가 그녀에게 나타나 그녀가 애를 갖게 될 것이라고 전하였다. 안나가 이제 잉태하여 아기를 낳을 것이며, 그 아기는 온 세상에 그 이름을 떨칠 것이라고 예고하였다.

이에 안나는 그 아이를 낳으면 주 하나님께 봉헌하고, 그 아이는 평생을 두고 하나님을 섬기게 하겠다고 맹세하였다.

요아킴도 광야에서 기도하던 중 이와 똑같은 환시를 보고 기뻐하며 집으로 돌아온다. 요아킴은 예루살렘 성문인 황금문에서 마중 나온 안나를 만나 함께 집으로 돌아온다.

마침내 요아킴과 안나는 딸을 낳았고, 그 아기에게 마리아라는 이름을 지어 주었다.

마리아가 3살이 되자, 요아킴과 안나는 하나님께 약속한 대로 마리아를 예루살렘 성전으로 데려가 바친다. 마리아는 세살 때부터 신전에서 하나님을 섬기며 지낸다.

그 후 10년 후, 대사제는 신전에서 자란 처녀들이 혼기가 차자 백성 중에 신전처녀들과 결혼을 원하는 총각이나 홀아비는 모두 모이라는 포고를 한다.

그리고 제사장의 명에 따라, 모여든 남자들이 각각 자신의 지팡이를 제단에 놓자, 주 하나님께서 표적을 보이시사 요셉의 지팡이에 비둘기가 내려앉았다. 이로써 요셉은 마리아의 약혼자로 낙점되었다.

요셉이 마리아와 약혼한 후, 목수 일을 하러 3개월_{야고보 원복}음서/The Protoevangelium of James에서는 6개월 동안 나가 있다가 마리아와 결혼식을 하려고 다시 돌아와 보니 마리아가 임신한 사실을 발견하게 되었다.

요셉은 마리아를 부정한 여인으로 생각하여 버릴 생각을 하고 있었는데, 꿈속에서 마리아가 성령으로 임신한 것이라는 천사의 계시를 받고는 생각을 달리하여 마리아를 아내로 맞아들인다.

그 후 요셉은 마리아의 순결을 보존하였으며, 마침내 마리아는 달이 차서 예수를 낳았다는 이야기로 끝난다.

3 《마리아 탄생 복음서》의 여러 판본들

　《마리아 탄생 복음서》는 기독교 초기부터 중세까지도 여러 기독교 교파에서 진본이며 진정한 복음서로 폭넓게 받아들여졌다.

　이 복음서는 4세기에 활약하였던 교부 히에로니무스 Eusebius Hieronymus; 암브로시우스·그레고리우스·아우구스티누스와 함께 4대 교부; 그리스어 역본인 70인역 성서를 히브리어 원문과 대조하여 라틴어 역본[불가타성서]을 처음 개정; Jerome/제롬, 345~419의 저작에서도 볼 수 있는데, 오늘날 번역되어 우리가 볼 수 있는 복음서도 거기서 온 것이다.

　그와 동시대 사람들인 키프로스 살라미스의 주교 Bishop of Salamis, Cyprus였던 에피파니우스 Epiphanius, 310?~403, 저 유명한 교부 신학자 아우구스티누스 Augustinus Hipponensis; Augustine, 354~430, 겔라시우스 Gelasius, 제49대 교황, 재위 CE 492~496 등도 또한 《마리아 탄생 복음서》에 대하여 언급하고 있다.

성 히에로니무스　성 에피파니우스　성 아우구스티누스　성 겔라시우스

　이 복음서의 고대 사본들은 히에로니무스의 복음서 사본과는 차이가 있다.

그 중 한 복음서 사본은 프랑스 브르타뉴 출신의 학승으로 프로방스 리에Riez, Provence의 주교가 된 파우스투스Faustus, 405?~490?에게서 온 것이다.

그는 예수가 세례를 받기 전에는 하나님의 아들이 아니며, 다윗 가문이나 유다지파의 사람이 아님을 설파하였다.

그가 인용한 복음서에 따르면, 동정녀 마리아 자신도 유다지파 출신이 아니라 레위 지파 출신으로, 마리아의 아버지는 요아킴이라는 이름의 제사장이었다고 한다.

《마리아 탄생 복음서》가 현재의 형태로 된 것은 5세기경으로, 교부 히에로니무스라는 권위자의 추천 서한을 담고 있다. 이 서한은 오랫동안 그가 쓴 것으로 여겨져 왔는데, 오늘날에는 위명 서한으로 받아들여지고 있다.

또한 크로마티우스Chromatius of Aquileia; 북이탈리아의 아퀼레이아/Aquileia의 주교, ?~407?와 헬리오도루스Heliodorus of Altino; 알티노/Altino의 주교, ?~390?가 히에로니무스에게 쓴 서한이 있는데, 그에게 마리아의 탄생과 그리스도의 탄생과 유아기The Birth of Mary, and of the Birth and Infancy of Christ의 히브리어 원문을 라틴어로 번역해 줄 것을 요청하는 내용이다.

헬리오도루스는 히에로니무스의 팔레스타인 성지순례에 동반하였으며, 이 사실은 히에로니무스의 여러 통의 서신에도 언급되어 있다.
그는 크로마티우스와 함께 히에로니무스의 성서번역사업을 위한 기금을 조달하는 등 큰 힘이 되어주었다.

성 파우스투스　성 크로마티우스　성 헬리오도루스　성 야코부스

　히에로니무스가 이 요청에 동의하고 히브리어 원본의 라틴
어 번역본을 제공하며, 그 책의 실제 저자는 마태가 아니라 셀
레우쿠스Seleucus the Manichee라고 논평하고 있다.

　그의 논평에 따르면, 이 복음서의 최초의 저자는 1세기나 2
세기에 살았던 헬라파 유대인Hellenists; 그리스어를 사용하는 유대
인들로서 그리스문화권 전역에 흩어져 살던 사람들을 말한다[사도행전 6:1;
9:29]이었던 것으로 보인다.
　또한 당시 거의 모든 성서사본들이 그러하였듯이 3세기경
셀레우쿠스에 의해 가필되었으며, 그 후로도 성서 기자들에
의해 지속적인 가필이 이루어진 것으로 보인다.

　《마리아 탄생 복음서》의 라틴어본은 히에로니무스의 번역에
기초한 만큼 수려한 라틴어 문장을 구사하고 있다.
　그리하여 이 복음서에 담긴 이야기는 중세시대에 이르러
그 내용의 거의 전체가 《황금전설The Golden Legend; Legenda
aurea/레젠다 아우레아 or Legenda sanctorum/레젠다 쌍토룸; 황금전기;
황금 성인전》로 편입되어 기독교 전도에 폭넓게 사용되었다.
　이 책은 중세기 유럽의 거의 모든 언어로 번역되어 크게 유
명해졌다.

참고로, 《황금전설》은 기독교 초기부터 중세 유럽 기독교까지의 기독교 성인들에 관련된 전설과 기독교 교리에 관한 이야기들을 집대성한 성인 전기 모음집이다.

여기서의 '전설' 이란 말은 흔히 우리가 생각하는 전해 내려오는 설화가 아니라, 기독교 의식이나 미사 등에서 '낭독되어야 할 것' 이라는 뜻이다.

이 귀중한 자료는 1260년경 이탈리아 북부 롬바르디아 출신의 역사가이자 제노바 대주교였던 야코부스Jacobus de Voragine/야코부스 데 보라지네, 1230~1298 가 편집한 것으로, 《롬바르디아의 이야기Historia Lombardica/히스토리아 롬바르디카》라고도 한다.

이 황금전설은 1440년경 구텐베르크의 활판인쇄술 발명 이전까지만 해도 유럽 전역에서 성서보다 더 널리 읽혀진 책이기도 하다. 여기에 묘사된 수많은 성인들과 교리에 관한 내용들은 도상圖像의 중요한 근거가 되어, 각종 성화와 유럽 각지 교회의 스테인드글라스 등의 좋은 소재가 되었다.

이처럼 중세의 시와 문학예술, 종교예술 등에 많은 영향을 주었기 때문에, 중세 유럽의 문화를 이해하거나 미술사를 공부할 때 필독서로 읽히는 책이다.

근대에 들어와, 《마리아 탄생 복음서》의 영어번역 판본이 나오게 되었는데, 그 중 2가지가 폭넓게 유통되고 있다.

① The Gospel of the Nativity of Mary, reprinted in The Suppressed Gospels and Epistles, Jeremiah Jones 역, 18c

② The Gospel of the Nativity of Mary, from Ante-Nicene Fathers, Roberts-Donaldson 역, 19c

위의 두 영역판본은 각기 8장이나 10장, 또는 장 절 구분만 달리 할 뿐 그 내용은 대동소이하다.

4 《마리아 탄생 복음서》는 왜 중요한 복음서인가?

오늘날 우리가 읽는 신약성서 4복음서에는 예수님의 탄생 이후부터 30세에 이르러 요한에게 세례 받고 그의 공생애公生涯; public life; public career를 시작하기 전까지의 예수님의 32년의 생애 중 무려 30년간의 기록이 완전히 공백으로 남아있다.

예수님의 어린 시절의 성장과정과 청년기의 지식과 사상형성의 과정을 보여주는 가장 중요한 시기에 관한 내용이 실질적으로 단 한 줄의 기록도 없이 모조리 삭제되었기 때문이다.

우리는 예수님과 성모 마리아를 신약 4복음서를 통해 볼 뿐이다. 이것은 그야말로 예수님의 32년의 생애 중 30년간의 기록이 완전히 삭제되고 남은 불과 2년간에 대한 기록에 불과한 것이다.

그 결과, 마가복음과 요한복음은 어느 날 갑자기 30세의 성인으로 성장한 예수가 요르단 강에 나타나 요한에게 세례 받는 이야기로 시작된다.

마찬가지로, 성모 마리아 역시 신약 복음서에서는 천사가 방문하여 성령으로 임신하는 이야기로 등장하고 있다.

신약성서에서는 성모 마리아, 즉 예수의 어머니 마리아의 가계나 부모 등 집안배경에 대해서는 물론, 마리아의 출생과 성장에 관한 이야기 등, 마리아의 전반의 생애에 대해서는 단 한 마디도 언급되어 있지 않다.

그리고 성모 마리아가 어떻게 하여 요셉을 만나게 되고, 또 그의 아내가 되었는가 하는 과정에 관한 기록들 역시 철저히 삭제되어 단 한 줄도 남아있지 않다.

주지하다시피, 이것은 4세기에 로마제국의 콘스탄티누스 황제가 정치적 이유로 신약성서를 편집할 당시, 예수님의 유년기와 청년기의 기록이 예수님의 인성人性을 여과 없이 드러내어 예수의 위상을 신으로 정립시키는데 불리하다하여 삭제되었기 때문이다.

다시 말해, 예수의 신성을 강조하기 위해 예수의 인성을 적나라하게 드러내는 내용들, 즉 예수의 외할아버지와 외할머니, 마리아의 출생과 성장과정, 마리아가 요셉과 약혼하게 되기까지의 과정과 같은 지극히 인간적인 이야기들을 모조리 삭제하였기 때문이다. 애초부터 기록이 없었던 것이 아니라, 신약 편집 과정에서 기록이 모조리 삭제되었던 것이다.

로마제국의 콘스탄티누스 황제는 자신의 세력기반을 다지는데 종교를 이용하려는 정치적 목적으로, 기독교를 하나로 통일시키기 위해 기독교 정경을 정하였다.

이 과정에서 로마 황제의 명령으로 기독교 교권 권력자들이 황제의 노선에 맞는 복음서만을 기독교 정경으로 채택하고, 여기서 밀려난 대다수의 복음서 기록들은 모조리 불태워 없애버렸다. 그리고 그 소지자들도 화형에 처하였다.

≪성서의 뿌리(신약), pp203〜209, 238〜247에서 발췌≫

이 편협한 교조주의자들의 광기 어린 망동으로 인류는 예수에 대한 기록과 예수의 가르침을 가장 진솔하고 정확하게 이해할 수 있는 수십 수백 종의 귀중한 복음서들을 영원히 잃어버리게 된 것이다.

요행이 극소수의 복음서들은 살아남았다. 당시 불태워질 위기에 처한 복음서들 중 일부를 누군가가 위험을 무릅쓰고 항아리 등에 담아 동굴이나 땅속 깊이 숨겨놓았던 것이다. 이 숨겨진 성서 사본들은 그 후 간간히 다시 세상에 나와 비밀리에 읽혀졌다.

《아라비아어[시리아어] 예수 유년기 복음서The Arabic[Syriac] Infancy Gospel of the Savior》와 같은 일부 복음서들은 제도권 기독교의 박해와 탄압을 피해 이슬람 세계에서 숨죽이며 간신히 명맥만을 유지하고 있었다.

심지어 어떤 복음서들은, 예를 들어, 1945년 이집트 나그 하마디Nag Hammadi에서 발견된 《도마 복음서》나 1976년 발견되어 2006년 내셔널 지오그래픽에 의해 일부 복원된 《유다 복음서》 등은 2천년 가까이 숨겨져 있다가 햇빛을 보게 된 복음서들이다.

오늘날에도 새로운 복음서들이 간헐적으로 발견되고 있으며, 그때마다 기존의 4복음서에서는 볼 수 없었던 새로운 내용들이 쏟아져 나와 종교계와 학계의 비상한 관심과 반향을 불러일으키고 있다. ≪성서의 뿌리(신약), pp302~307에서 발췌≫

오늘날 우리가 읽는 신약 4복음서에서는 도무지 알 길이 없었던 성모 마리아의 생애에 대한 상세한 자료는 물론, 성모 마리아의 아버지 이름이 요아킴Joachim이며, 어머니의 이름이 안나Anna라는 것을 알게 된 것도 바로 이 《마리아 탄생 복음서》를 통해서였다.

오늘날 우리가 읽는 신약 4복음서에서는 결코 알 수 없는 예수의 어린 시절에 대한 자세한 행적과 숱한 이야기들이 《도마의 예수 유년기 복음서》와 《아라비아어 예수 유년기 복음서》에는 고스란히 남아있다.

또한, 2세기 초 이전에 기록된 《마리아 탄생 복음서》는 《의사 마태 복음서》, 《야고보의 원복음서》와 더불어, 성모 마리아 생애에 관한 귀중한 정보의 보고寶庫로 일컬어지고 있다.

이들 복음서에는 예수의 어머니 마리아의 부모와 집안배경에 대해서는 물론, 마리아의 출생에 얽힌 비화, 성장기에 있었던 사건들, 그리고 마리아가 어떻게 하여 요셉을 만나 정혼하게 되었는지 그 과정에 얽힌 비화가 들어있다.

이처럼 이 5권의 복음서들, 즉 《도마의 예수 유년기 복음서》, 《마리아 탄생 복음서》, 《의사 마태 복음서》, 《아라비아어 예수 유년기 복음서》, 《야고보의 원복음서》는 신약성서에서는 완전히 삭제되어 알 수 없는 예수의 유년기와 성모 마리아의 생애에 관한 귀중한 정보를 제공하여 준다.

이러한 소수의 살아남은 복음서들을 통해 귀중한 정보들을 알 수 있게 된 것은 그나마 다행이라 해야 할 것이다.

이 다섯 권의 복음서들은 신약 4복음서의 예수 생애와 성모 마리아 생애의 공백을 보완해 줄 뿐만 아니라, 복원해 준다는 점에 있어서도 그 중요성과 가치는 이루 말할 수 없이 크다.

또한 예수님의 성장과정은 물론, 성모 마리아의 탄생과 성장과정에 대하여 알고자 하는 대중들의 목마름을 해소시켜 준다는 점에서도 그 중요성과 가치는 크나큰 것이다.

오늘날 우리가 성서에서는 알 수 없는 중요한 사실들을 오히려 성서의 정경채택에서 제2정경, 또는 외경外經: Apocrypha/아포크리파; 그리스어 '아포크리포스(apokryphos/감추어진)'에서 유래한 말; 제2정경(deuterocanon)이라고 지칭함으로써 정경과 같은 권위를 부여하고 있음. BCE 2C~CE 1C 으로 낙인찍어 몰아낸 복음서들에서 발견하고 있다는 것은 실로 아이러니다.

앞에서 이미 언급하였듯이, 우리는 예수님과 성모 마리아를 신약 4복음서를 통해 볼 뿐이다. 이것은 그야말로 예수님의 32년의 생애 중 30년간의 기록이 완전히 삭제되고 남은 불과 2년간에 대한 기록의 편린에 불과한 것이다.

그것은 사실상 일부분의 기록의 단편들을 모아 맞추어 전체를 파악하려 하는 만큼이나 비합리적인 일일 것이다.

이러한 심각한 문제점을 지적하신 어느 원로 목사님의 탄식 어린 자성의 목소리에 귀 기울여 본다.

"우리가 예수님의 참모습과 가르침을 알지 못하면서 진정한 기독교인이라고 할 수는 없을 것이다.

우리는 예수님을 따른다고 하지만 부끄럽게도 성모 마리아가 어떤 분인지 잘 알지 못하며, 예수님의 32년의 생애 중 무려 30년간의 시기, 즉 예수님이 어떤 성장기를 보냈으며 청년기에 사상과 지식이 어떻게 형성되었는지 그 과정을 보여주는 가장 중요한 시기에 관하여 전혀 알지 못하고 있다.

이 모두가 불과 2년이라는 짧은 시간적 한계에 갇힌 신약 4복음서에만 매달려온 결과인 것이다."

이런 의미에서 볼 때, 《성서에서는 삭제된 성모 마리아의 숨겨진 이야기》, 즉 《마리아 탄생 복음서》는 예수님과 성모 마리아에 대한 진정한 신앙심에 목말라하는 우리에게 실로 가뭄에 단비와 같은 귀중하고 반갑고 고마운 복음서라 아니할 수 없을 것이다.

파리 국립 도서관에서 문학박사
비교종교학박사   민히식 이원일

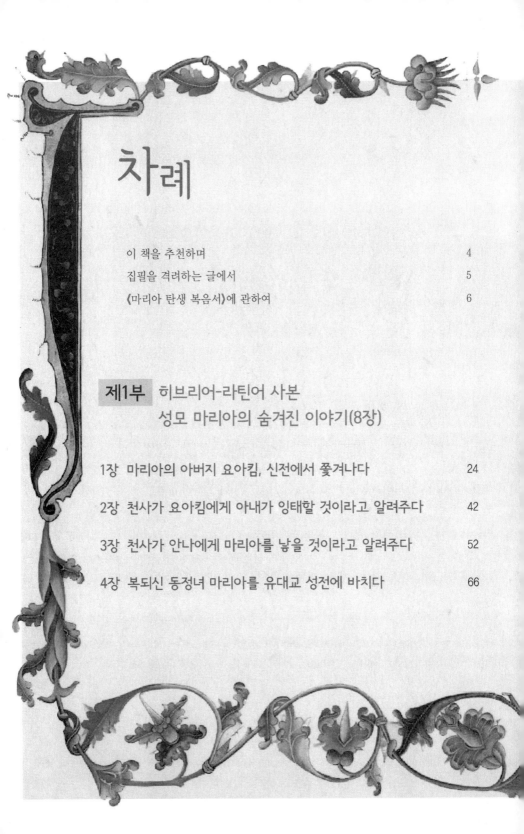

차례

제1부 히브리어-라틴어 사본
성모 마리아의 숨겨진 이야기(8장)

Contents

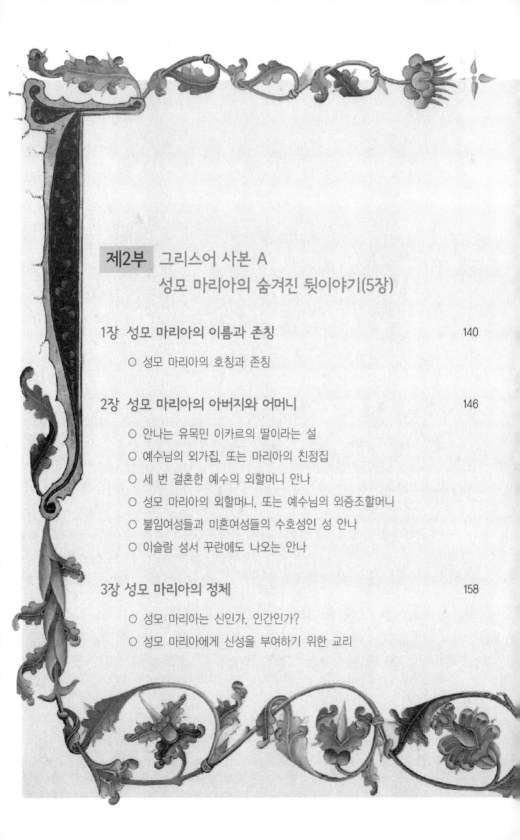

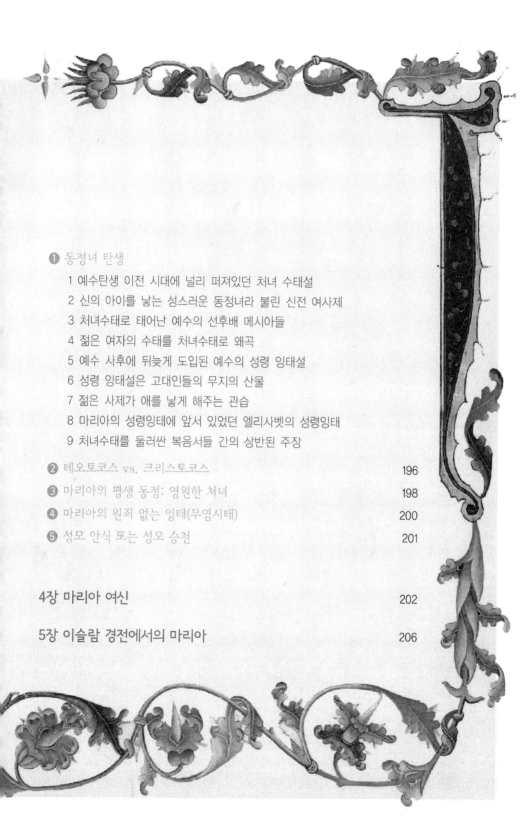

제 1 부

히브리어—라틴어 사본
Hebrew Mss, First Latin Form

: 성모 마리아의 숨겨진 이야기(8장)

제 1 장

마리아의 아버지 요아킴, 신전에서 쫓겨나다

1 축복받으시고 영원히 영광스러우신 동정녀 성모 마리아께
서는 다윗 왕가의 후손으로서 나사렛에서 태어나 예루살렘에
있는 주 하나님의 성전[1])에서 교육을 받으셨다.

---

1) 이스라엘 민족종교 유대교의 예루살렘 성전(히브리어로는 שדקמה תיב, 벳 하미
크다쉬, 거룩한 집)은 이스라엘 백성들이 그들의 민족신 여호와를 예배하기 위하여
세운 신전이었다. 현재는 파괴되어 존재하지 않는다.

≪pp38-41 예루살렘 성전의 역사 참조≫

2 마리아의 아버지는 요아킴^{Joachim}이고 어머니는 안나^{Anna}였다. 아버지 요아킴의 집안2)은 갈릴리의 나사렛 출신이었고, 어머니 안나3)의 집안은 베들레헴 출신이었다.

---

2) 요아킴의 집안은 목양장을 소유하고 있었으며, 십여 명의 목자들을 고용할 만큼 부유하였던 것으로 보인다.

3) 히브리어로는 한나(Hanna)라고 나와 있다.

성모 마리아의 어머니이자 예수의 외할머니인 안나는 베들레헴에서 태어나 20세에 요아킴과 결혼하였다.

♣ 어린 마리아, 그리고 그녀의 아버지 요아킴과 어머니 안나

3 요아킴과 안나는 주 하나님께서 보시기에도 평범하고 올바르고, 사람들 앞에서도 경건하며 흠잡을 데가 없는 삶을 살았다. 그들은 재산을 세 몫으로 나누었다.

4 그 중 한 몫은 성전과 성전 관리인들에게 바치고, 또 한 몫은 나그네와 가난한 사람들에게 나누어 주고, 세 번째 몫은 자신들과 가족이 쓰기 위한 용도로 여축해 두었다.

5 그들은 그렇게 하나님의 은총을 받고 사람들의 존경을 받으며 20년간을 고결하게 살았으나 자식이 없었다.

♣ 가난한 사람들에게 음식물을 나누어 주는 요아킴과 안나

왼쪽에는 부부가 가난하고 병든 자들에게 빵을 나누어
주고 있다. 목발한 사람의 모습도 보이며 그들은 누더기
넝마옷을 걸치고 있다. 중앙에는 자루를 들고 곡식을 얻
으려온 소년들에게 안나가 손에 들고 있는 음식물을 주
기 위해 다가가고 있다.

Andrea di Bartolo, 1400년, National Gallery of Art,
Washington DC 소장

6 그러나 그들은 하나님께서 그들에게 은혜를 베풀어 자식을 주신다면, 그 자식을 하나님을 섬기는 일에 바치겠다고 맹세하였다. 그래서 연중 절기 때마다 하나님의 성전으로 올라갔다.

7 그리하여 이렇게 되었나니, 봉헌 축제가 다가오자 요아킴은 그의 부족 사람들과 함께 예루살렘으로 올라갔다.

그 때 잇사갈Issachar이 대사제로 있었다.

♣ 유대교 대사제
  그의 등 뒤로는 번제단에서 불과
  연기가 피어오르고 있다.

8 대사제는 요아킴이 다른 이웃들과 함께 제물을 가지고 오는 것을 보고는, 요아킴과 그의 제물을 멸시하면서, 요아킴에게 경멸에 찬 질문을 던졌다.

9 "자식도 없는 사람이 왜 자식이 있는 사람들 틈에 끼여서 자식이 있는 척하는 거요?

여호와께서 당신은 자식을 가질 자격이 없다고 판단하셨으므로, 당신의 제물은 여호와께 받아들여 질 수 없소!" 하고 덧붙여 말하였다.

성서에는 '이스라엘 사람 가운데 저주받은 사람은 아들을 낳지 못할 것이니라.' 라는 말씀이 있기 때문이다[4].

---

4) 이 구절은 현재 우리가 읽는 구약성서에는 없으며, 구전 토라(oral Torah)에만 있다. 이처럼 성서 편집과정에서 삭제되거나 가필된 부분이 수없이 많다.

♣ 여호와 신에게 번제물을 올렸으나 거부당하는 요아킴

사로 표현된 사제가 요아킴의 제물을 거절하고 있다.
요아킴의 행위를 지적하는 듯한 하나님의 손이 눈길을 끈다.
Giotto 작, 1305년
아레나 예배당(Arena Chapel; 별칭 Capella dei Scrovegni/
스크로베니 예배당)의 내부를 장식한 프레스코 화,
Padova, Italy

10 대사제는 그가 우선 자식을 낳아 저주에서 풀려난 연후에, 하나님 앞에 제물을 바치러 오라고 말하였다.

결국 사제들은 요아킴의 제물을 받아들이는 것조차 거절하였고, 요아킴은 성전에서 쫓겨났다[5].

---

5) † 여호와께서 모세에게 일러 가라사대, … 무릇 너의 대대 자손 중 육체에 흠이 있는 자는 그 하나님의 음식을 드리려고 가까이 오지 못할 것이라. 무릇 흠이 있는 자는 가까이 못할지니, 곧, … 불알 상한 자나, … 그는 흠이 있은 즉, 나아와 하나님의 음식을 드리지 못하느니라. … 장막 안에 들어가거나 제단에 가까이 가서는 안되나니 이는 그가 흠이 있음이며 그가 나의 성소를 더럽혀서는 안되기 때문인즉, 이는 나는 그들을 거룩하게 하는 여호와임이니라. 모세가 이대로 아론과 그 아들들과 온 이스라엘 자손에게 고하였더라.
   [레위기 21:16-23]   《성경 속의 성 63장, pp350-353 참조》

♣ 여호와 성전에서 쫓겨나는 요아킴
Giotto 작, 1305년
아레나 예배당(Arena Chapel; 별칭 Capella dei Scrovegni/
스크로베니 예배당)의 내부를 장식한 프레스코 화.
Padova, Italy

11 그러나 그러한 책망을 받고 수치심에 휩싸여 몹시 마음이 상한 요아킴은 목초지에서 가축 떼를 지키는 목동들이 있는 곳으로 물러갔다.

12 그는 집으로 돌아가고 싶지 않았다. 그것은 대사제가 하는 말을 옆에서 다 들은 친족들이 대사제와 매한가지로 자기를 공개적으로 책망할까 두려웠기 때문이었다.

♣ 성전에서 쫓겨나 자기 목양지의 목동들이 있는 곳으로 온
요아킴

잔뜩 풀이 죽어있는 요아킴의 자세에서 그의 낙담한 심정
이 절절이 배어나오는 듯하다. 무심하게 먹이만 먹는 양들
이 오히려 행복해 보인다.
사람 좋은 주인어른의 불행을 애석해하는 듯한 목동들의
태도도 실감이 난다. 개는 요아킴에게 반갑다고 달려들건
만, 낙심한 요아킴은 대꾸할 마음의 여유조차 없는지 개에
게 눈길조차 주지 않는다.
Giotto 작, 1305년. 아레나 예배당(Arena Chapel)의 프레스
코 화.

예루살렘 성전(The Holy Temple in Jerusalem)의 역사

《성서의 뿌리: 오리엔트 문명과 구약성서, 제15, 16장에서 발췌》

이스라엘 민족종교 유대교의 예루살렘 성전(히브리어: שדיקמה חב, 벳 하미크다쉬, 거룩한 집)은 이스라엘 백성들이 그들의 민족신 여호와를 예배하기 위하여 세운 신전(神殿)이었다.

이스라엘 백성들은 예루살렘 성전에 그들의 민족신 여호와를 봉헌하고, 그들의 민족신 여호와를 예배하고 제사하였다.

본래 떠돌이 유목민이었던 유대인들의 실정에 맞는 성막(Tabernacle; mishkan/미쉬칸(Heb.), '거소' 또는 '처소'라는 뜻; 이동식 임시 성소)은 다윗 왕 때까지 약 500년 간 지속되다가, 솔로몬 왕 때에 이르러 한 곳에 정착하는 성소를 건축하게 된다.

♣ 황야에 설치된 여호와 신의 성막과 그 내부 구조

유대교의 예루살렘 성전은 모리아 산(mount Moriah; Temple Mount/성전산)에 세 차례 지어졌으나, 세 차례의 성전 모두 다른 신을 섬기는 나라들의 군대에 의해 완전 파괴되었다. 현재 예루살렘 성전은 존재하지 않는다.

제1성전, 즉 솔로몬 성전(Solomon's Temple)은 최초의 성전으로 솔로몬 왕이 세웠다. 이것은 다신교를 숭상하였던 솔로몬 왕이 이집트 신전양식을 기본골격으로 하고 거기에 가나안과 시리아의 신전양식을 가미한 것이다.

솔로몬 성전은 바빌로니아의 수호신 마르두크(Marduk; '태양의 아들'이라는 뜻)을 섬기는 바빌로니아의 느부갓네살(Nebuchadnezzar) 2세에 의해 BCE 587년경 파괴되었다.

♣ 솔로몬의 성전 　　　♣ 키루스 대왕에게 성전복원계획을
　　　　　　　　　　　　보고하고 지시를 받는 스룹바벨

　제2성전, 즉 스룹바벨 성전(Zerubbabel's Temple)은 유대인들이 바빌로니아 유수
[포로생활]에서 귀환하여, 페르시아 제국의 키루스 대왕에 의해 총독으로 임명된
스룹바벨의 지휘로 파괴된 솔로몬 성전을 재건축한 것이다.

　이것은 이교도의 신들에게까지도 은혜와 관용정책을 베풀었던 페르시아 제국의
키루스 대왕[구약성서에서는 바사의 고레스]의 윤허 하에 스룹바벨이 현지 총독으
로 임명받고 와서 재건한 성전이었다.

　키루스 대왕에게서 이러한 은혜를 받은데 대해, 성서에는 여호와 신이 조로아스
터교 신도인 바사의 고레스 대왕을 '기름부음을 받은 자(Messiah; 구세주)'라고 사
실상 아부에 가까운 칭송을 하며 추어올리고 있다.

† 나 여호와는 나의 기름 받은 고레스의 오른 손을 잡고 … 고레스에게 이르
　기를 … 너를 지명하여 부른 자가 나 여호와 이스라엘의 하나님인줄 알게
　하리라.　　　　　　　　　　　　　　　　　　　　　　　　　[이사야 45:1~3]

《성서의 뿌리(구약): 오리엔트 문명과 구약성서, pp322~322 참조》

　결국, 당시 이스라엘의 종주국이었던 페르시아 제국의 왕 키루스, 다리우스 1세
(Darius), 아르타크세르크세스(Artaxerxes)의 칙령에 따라 완성되었다.

† 다리오 왕의 칙령이 내리매 … 유다 사람의 장로들이 선지자 학개와 잇도
　의 손자 스가랴의 권면을 따랐으므로 성전 건축하는 일이 형통한지라. 이스
　라엘 하나님의 명령과 바사 왕 고레스와 다리오와 아닥사스다의 칙령에 따
　라 성전을 건축하며 일을 끝내되, 다리오 왕 제육년 아달월 삼일에 성전 일
　을 끝내니라.　　　　　　　　　　　　　　　　　　　　　　[에스라 6:13-15]

♣ 페르시아 제국의 역대 왕들인 키루스 대왕, 다리우스 대왕, 아르타크세르크세스
대왕의 칙령에 따라 페르시아 총독 스룹바벨(원안)이 건설한 성전

제2성전, 즉 스룹바벨 성전은 BCE 63년 로마의 장군 폼페이우스(Pompeius)에 의
해 다시 파괴되었다.

제3성전인 헤롯 성전(Herod's Temple)은 유대 왕 헤롯이 유대인의 환심을 사기
위해 폐허가 된 스룹바벨 성전 터 위에 세운 성전이다.

유대 역사가 요세푸스(Flavius Josephus)에 따르면, 헤롯은 '유능하고 노회한' 인
물이었다. 그는 군중 앞에서의 뛰어난 웅변술, 누구도 흉내 내지 못할 비상한 외교
술, 전쟁에서의 승리를 확신하는 결단력 등 로마의 황제도 탄복할 만한 재능을 소
유하였다.

그러나 헤롯은 유대인이 아닌 에돔(Edom; Idumea/이두메아(Gk.))에서 태어난
외국인이었기 때문에 유대 사람들의 지지를 얻기 어려웠다. 그래서 헤롯은 유대
사람들의 환심을 사기 위해 예루살렘 성전을 다시 세우고, 로마 주둔군들이 유대
주민들을 함부로 대하지 못하도록 하는 유화정책과 수도시설 개선사업 등을 하
였다.

유대 사람들의 환심을 얻기 위해 시작된 헤롯 성전의 건설은 BCE 20년부터 시작
하여 헤롯 사후 CE 64년 헤롯 아그리파(Herod Agrippa) 2세에 의해 완공되었다.
당시 헤롯 성전은 지중해 연안에서 가장 아름다운 성전이었다. 성전에는 주변에
서 쉽게 구할 수 있는 석회암을 다듬어서 석재로 사용하였는데, 흰빛의 석회암이
햇빛에 반사되면 더욱 하얗게 빛나 건물이 장엄하고 화려하게 빛났다.

♣ 헤롯 성전, 파괴된 헤롯 성전 자리에 세워진 이슬람 사원과 통곡의 벽

성벽은 잘 다듬어진 돌을 사용했는데 돌 한 개의 무게는 약 1-40톤, 길이는 1-10m의 거대한 돌들이 사용되었다. 가장 큰 돌은 무려 400톤에 달하였다.

헤롯 성전은 완공된 지 불과 6년 뒤인 CE 70년에 디도(Titus)가 이끄는 로마 군대에 의해 철저히 파괴되었다.

로마 군인들이 성전을 방화하고 성전 안의 금을 약탈해 갔을 때, 성전에 있던 금들이 화재로 녹아 돌 사이에 스며들었고, 로마 군인들이 이 금을 찾기 위해 모든 돌을 다 무너뜨려 돌 위에 돌이 하나도 남아있지 않을 정도였다고 한다. 또한 이때 약탈한 금이 시중에 다량으로 유통되어 인접국인 시리아의 금값이 반으로 폭락했을 정도였다고 한다.

헤롯 성전이 불탄 날은 공교롭게도 솔로몬 성전(제1성전)이 파괴된 날과 같은 날, 곧 유대력으로 아브월(AV월; 태양력으로 7~8월에 해당) 제9일인데, 유대인들은 이 날을 금식일로 정하여 지키고 있다.

그 후 CE 135년에 로마 황제 하드리아누스(Hadrianus)는 파괴된 성전 터에 주피터 신전을 지었고, 687-691년에는 '바위의 돔(Dome of the Rock)'이라 불리는 이슬람 사원이 세워져 오늘에 이르고 있다.

이후 성전은 재건되지 않고 있다. 오직 헤롯 당시 성전의 바깥 벽 중 약 450m 정도의 서쪽 벽 일부가 남아 있는데, 이것을 '통곡의 벽'(The Wailing Wall)이라고 부른다. 유대인이 이곳에 와서 성전이 파괴된 것과 나라를 잃은 자신들의 처지를 슬퍼하며 통곡하였기 때문에 붙여진 이름이다.

제 2 장

천사가 요아킴에게 아내가 잉태할 것이라고 알려주다

1 요아킴이 그곳에서 얼마간[1] 지내고 있을 때였다. 어느 날 요아킴이 홀로 있을 때, 하나님의 천사가 경이로운 광채를 내며 나타나 그의 곁에 섰다.

2 천사는 자기의 출현으로 놀라는 그를 진정시키려 애쓰면서 이렇게 말하였다.

3 "요아킴아, 두려워하지 말라, 나를 보고 염려하지 말라. 나는 하나님께서 네게 보내신 천사이니라.

네게 알려주노니, 하나님께서 너의 기도를 들으셨으며 너의 자선행위가 하늘에 닿아 하나님께서도 보셨음이라.

---

1) 다른 문헌에서는 요아킴이 자신의 목양지에서 40일 동안 머물렀다고도 한다.

그런데 여기서 40일이란, 실제로 40일이 아니라 어느 정도의 긴 기간이라는 의미를 나타내는 유대교식 표현이다. 마치 우리말의 100일이나 3000리와 같은 것이다.

♣ 요아킴의 꿈

천사가 요아킴의 꿈속에 나타나 수태고지(**受胎告知**:
Annunciation),
즉 안나가 아이를 잉태할 것이라고 알려주고 있다.
Giotto 작, 1305년
아레나 예배당(Arena Chapel) 프레스코 화,
Padova, Italy

4 하나님께서는 네가 수치 당하는 것을 분명히 보셨고, 자식이 없다고 부당하게 비난 받는 것도 다 들으셨다.

하나님은 죄악을 벌하시는 분이지 본디 타고난 것을 벌하는 분이 아니시니라.

5 그래서 하나님께서 어떤 이의 자궁을 닫을 때는, 그만한 이유가 있는 것이다. 즉 다시 더 놀라운 방식으로 자궁을 열어주시고, 거기서 태어나는 아이는 욕정의 산물이 아니라 하나님의 선물이라는 것을 보여주기 위함이니라.

♣ 신이 자궁 속 알을 열자, 각종 생물들이 창조되어 나오고 있다.
알에는 Ex ovo omnia(모두가 하나의 알에서; all from an egg)
라는 문구가 쓰여 있다.

6 이스라엘 백성 최초의 어머니인 사라의 경우에도, 여든 살이 될 때까지도 아이를 낳지 못하였지만, 그러고도 노년기의 막바지에 이삭을 낳았으니, 이삭을 통해 하나님께서 사라에게 하신 약속이 모든 백성에게 축복이 되었도다.

7 라헬도 또한 하나님의 총애를 받고 거룩한 야곱의 사랑을 듬뿍 받으면서도 오랫동안 임신하지 못하였으나, 후에 요셉을 낳았으며, 그 요셉이 이집트의 총독이 되었을 뿐 아니라, 많은 민족을 굶어죽을 위기에서 구해냈느니라.

8 이스라엘 민족 지도자 사사^{판관2)}들 중, 삼손보다 더 용감하고, 사무엘보다 더 거룩한 이가 있었더냐? 이 두 사람의 어머니들도 모두 불임이었느니라.

---

2) 사사(士師; 판관/判官; 히브리어로는 shofet/쇼페트)는 이스라엘 민족이 가나안에 정착한 이후부터 왕정으로 접어들기 이전까지 이스라엘 민족을 이끌던 군사 및 정치 지도자였다.

원래 판관(judge)라는 좁은 의미였으나 점차 그 범위와 영향력이 확대되어 이스라엘을 위기에서 구하는 구원자로서의 성격이 강했다.

성서에 나오는 석녀이었다가 마침내 아이를 낳은 여성들

이스라엘 민족종교 유대교에서는 여자가 아이를 낳지 못하는 것은 그 여성이 여호와 신의 은총을 받지 못하여 여호와 신이 여성의 자궁을 막았기 때문이라고 믿었다.

그러므로 유대사회에서 아내가 남편에게 자녀를 낳아주지 못하는 것은 여호와 신의 은총을 받지 못한 탓으로, 그것은 부끄러운 일이었다.

✡ 네가 복을 받음이 만민보다 훨씬 더하여 너희 중의 남녀와 너희의 짐승의
 암수에 생육하지 못함이 없을 것이며   [신명기 7:14]

성서에는 처음에는 석녀(石女; 돌계집; 아이를 낳지 못하는 여자)이었으나, 신에게 간구하여 마침내 아이를 낳게 되는 여성들이 6명 나온다.

○ 아브라함의 아내 사라는 아이를 낳지 못하는 불모의 자궁을 가지고 있었으나,
  나중에 90이 넘어 아들 이삭을 낳았다.

○ 이삭의 아내 리브가는 역시 석녀였으나 열심히 기도하고 간구하여 마침내
  결혼 한 지 20년 만에 임신하여 쌍둥이 아들 야곱과 에서를 낳았다.

○ 야곱의 사랑하였으나 불임이었다. 아내 라헬은 결국 두 아들 요셉과 베냐민을
  낳았다.

○ 단(Dan) 지파의 사람 마노아(Manoah)의 아내는 불임이었으나. 기적적으로
  치료를 받고 이스라엘 민족의 가장 힘센 삼손을 낳았다.
  삼손은 이스라엘민족을 블레셋 사람들의 사십 년 동안의 억압에서 구해내기
  위하여 태어날 때부터 나실인(Nazarite; 자기 몸을 구별하여 여호와 신에게
  봉헌하기로 서약한 사람)으로 바쳐졌다.

○ 에브라임(Ephraim) 지파의 사람 엘가나(Elkanah)의 두 번째 아내 한나
  (Hannah)는 여호와 신에게 자궁을 치료해 달라고 기도 한 후 사무엘을
  낳았다. 사무엘은 커서 훗날 사울 왕과 다윗에게 기름을 부어 준 선지자이다.

○ 사가랴(Zechariah)의 아내 엘리자베스는 성모 마리아의 사촌이기도 한데, 그녀
  역시 불모였지만 침례 요한을 낳았다.

9 그러나 이성적으로는 내 말의 진실성에 확신이 가지 않을 지라도, 노년기에 임신하는 예가 많고 또 불임이던 여자가 출산하여 놀라는 일이 많으니라.

그러므로 네 아내 안나가 딸을 낳으리니, 그 이름을 마리아 3)라 하여라.

10 마리아는 너희가 맹세한 대로 어려서부터 하나님께 바쳐질 것이며, 어머니의 태내에 있을 때부터 성령으로 충만하게 될 것이다.

---

3) 마리아라는 이름의 어원은 히브리어 mirjam/미리암 또는 아랍어의 maryam/마리얌으로, '뚱뚱한 여자(=미녀)' 라는 뜻이다. ≪p145 참조≫

11 마리아는 부정한 어떤 것도 먹거나 마셔서도 안 되고, 일반 백성들과 말을 섞어서도 안 되며, 오로지 하나님의 성전 안에서만 말을 해야 한다. 이는 마리아가 악한 일로 어떠한 비방이나 혐의를 받을 여지를 없애려 함이니라.

12 그러므로 마리아가 불임이었던 여자에게서 기적적인 방식으로 태어났듯이, 세월이 지남에 따라 마리아 역시 아직 처녀의 몸으로 전례 없는 방식으로 가장 높으신 하나님의 아들을 낳을 것이니, 그 이름을 예수라 하라.

예수는 그 이름이 뜻하는 바4)와 같이 모든 민족의 구세주가 될 것이니라.

---

4) 예수님이 살던 당시에는 그 당시 널리 통용되던 아람어로 '예슈아(Yeshua)'라 불렸다. 이것은 여호수아(Yehoshua)의 변형으로, '여호와는 구원이시다'라는 뜻이다.

13 내가 네게 선언하는 것들에 대한 증거를 주겠다. 즉 네가 예루살렘의 황금문5)으로 가면 아내 안나를 만나게 해주리라. 안나는 네가 여태껏 귀가하지 않아서 몹시 걱정하고 있는 바, 너를 만나면 더없이 기뻐할 것이니라."

14 이 말을 하고나서 천사는 떠났다.

---

5) 황금문은 예루살렘 동문의 별칭이다. 현재는 벽돌로 견고하게 막아버려 드나들 수 없다.

♣ 예루살렘의 황금문

키드론 계곡(Kidron Valley)을 가로질러 게세마네 동산 쪽에서
본 모습. 두 개의 아치로 이루어진 상당히 큰 문이었음을 알
수 있다.
그러나 오늘날 황금문은 종교적, 정치적 분쟁으로 사진에서 보
는 것과 같이 봉쇄되어 출입이 불가능하다.

제 3 장

천사가 안나에게 마리아를 낳을 것이라고 알려주다

1 그 다음에 천사가 요아킴의 아내 안나에게 나타나 이렇게 말하였다. "두려워하지 말라. 네가 보고 있는 것이 허깨비라고도 생각하지 말라."

2 왜냐하면 나는 너희의 기도와 자선품을 하나님 앞으로 전해드린 천사이기 때문이다.

이제 내가 너에게 파견된 것은, 네가 딸을 낳을 것이며, 이름을 마리아라 부를 것이며, 마리아는 모든 여인보다 더 축복을 받을 것임을 너에게 알려 주기 위함이니라."

♣ 안나의 수태고지

천사가 안나의 꿈속에 나타나 수태고지(**受胎告知**;
Annunciation), 즉 안나가 아이를 잉태할 것이라고 알려
주고 있다.
Giotto 작, 1305년
아레나 예배당(Arena Chapel) 프레스코 화, Padova, Italy

3 마리아는 태어나자마자 하나님의 은총으로 충만할 것이며, 젖을 뗄 때까지 삼년 동안 너의 집에서 양육될 것이다.

그 후로는 하나님을 섬기는데 헌신하게 될 것이며, 분별하고 지각할 줄 아는 나이가 될 때까지는 하나님의 성전에서 떠나지 말아야 한다.

Рождество Пр. Богородицы.

♣ 테오토코스(Theotokos; 신을 낳은 자) 성모 마리아의 탄생
머리에 후광(halo; 원광/nimbus)이 있는 아기가 마리아이며
그 뒤에 어머니 안나와 아버지 요아킴이 있다.

4 한마디로, 거기서 마리아는 밤낮으로 금식과 기도하며 하나님을 섬기고, 일체의 부정한 것들을 삼가고, 남자도 절대로 알지 말아야[1] 한다.

5 마리아는 오염되지 않고 더럽혀지지 않는 비할 바 없는 사례가 되어, 또한 남자를 절대로 알지 못한[2] 처녀의 몸으로 아들을 낳을 것이다.

처녀가 구세주를 낳을 것인즉 그 아기는 자신의 은총과 이름과 위업으로 세상의 구원자가 될 것이니라.

---

1) 성적 접촉을 히브리어에서 동사 '야다yada'에는 '알다know'라는 뜻과 '성교하다have sexual intercourse'라는 뜻의 두 가지 뜻이 있다. 유화적 표현이다.

《성경 속의 성, 3장 pp42-44 참조》

2) 성적 접촉이 없는, 또는 성경험이 없는

♣ 수태고지(受胎告知; Annunciation)하는 천사

천사가 손에 들고 있는 백합은 마리아의 처녀성과
순결을 상징한다.
그러나 사실 흰 백합은 이 성서에서의 이야기보다
1,200년 이상 지난 뒤 유럽이 십자군 전쟁을 통해
아시아로부터 들여온 꽃이다.

성서에서 '알다(know)'가 '성교하다'라는 뜻이라고?

≪성경 속의 성(상권), pp42-46에서 일부 발췌≫

우가리트어(Ugaritic) 또는 히브리어에서 동사 '야다(yada)'에는 '알다(know)'라는 뜻과 '성교하다(have sexual intercourse)'라는 뜻의 두 가지 뜻이 있다.

구약성서 영역본의 경우, '야다'를 '성교하다'로 정확하게 해석해 놓은 판본도 있지만 대부분은 '알다'로 직역해 놓아 남녀의 성교를 짐작조차 하기 어렵게 왜곡해 놓았다.

한글성서의 경우, 19세기말 한글성서 번역에 참여한 조선인들이 유교의 영향으로 '알다', 즉 '성교하다'를 '동침하다'로 점잖게 번역해놓았다.

† And Adam knew Eve his wife; and she conceived, …
아담이 그 아내 하와와 동침하매 하와가 잉태하여 …

[Genesis; 창세기 4:1]

가나안 농경민족들의 전통종교인 바알(Baal; '주님'이라 뜻) 신, 아나트 여신, 또는 아쉐라 여신 신앙에서 기우제의 성격으로 행하여지는 신들의 성교행위를 '야다'라는 말로 표현하였다.

이처럼 가나안과 우가리트에서의 '바알이 아나트를 알고'가 구약성서에서 '아담이 이브를 알고'로 자리 잡게 된 것이다.

♀ 바알이 그 아내 아나트를 알고 아나트가 잉태하여 … [우가리트 점토판문서]

† 아담이 그 아내 이브를 알고 이브가 잉태하여 … [창세기 4:1]

♣ 우가리트 점토판문서의 바알과 아나트 부분은 Botterweck의 신학사전에도 있다.

구약성서에서도 이것을 차용하여, 창세기 4:1, 4:17, 4:25, 19:5, 19:8, 38:26 등에서 '성교하다'의 의미로 '야다'를 사용하고 있다.

구약성서 창세기 19:5에서도 '성교하다'의 의미로 '야다(yada)'를 사용하고 있다. 영역본에서는 'know'로 나타내고 있는데, '알다', '상관하다' 또는 '남자를 가까이 하다'라는 식으로 유화적으로 표현하고 있다.

† 롯을 부르고 그에게 이르되, "이 저녁에 네게 온 사람이 어디 있느냐? 이끌어내라. 우리가 그들을 상관하리라[that we may know them] … 내게 남자를 가까이 아니한[which have not known man] 두 딸이 있노라. 그들을 너희 좋은 대로 그들에게 행하고 …". [창세기 19:5-8]

《성경 속의 성(The Holy Sex in the Holy Bible)》의 목차에도 잘 나와 있듯이, 성서에는 온갖 성에 대한 적나라한 이야기가 가득 들어있다.

한글성서 번역자들은 성서의 이러한 외설적 내용 때문에 경전으로서의 성서의 품격이 떨어지는 것을 염려하였던 것이다. 이를 완화하기 위해 성서의 저자들은 '성교하다(yada)'에 대한 완곡한 표현으로 '알다(yada)'를 사용하였던 것이다.

《성경 속의 성(性)》 목차의 일부

6 그러니 이제 일어나서 예루살렘으로 올라가라. 황금문이라 불리는 곳3)으로 가면, 내가 너에게 말한 증거로, 네가 그토록 안부를 걱정하고 있는 남편을 만나게 해주리라.

7 남편을 만나게 해주리라는 내 예언이 이루어지는 것을 보게 되면, 내가 말한 나머지 일들도 모두 틀림없이 이루어질 것임을 믿게 되리라.

---

3) 문의 아치에 금박을 입혀놓아 황금문이라 불리게 되었다고 한다.

성서 오역의 결과라는 설도 있다. 그리스어로 쓰인 신약성서에서 예루살렘 동문을 "아름다운 (성전) 문(Beautiful (Temple) Gate)"라 언급하고 있는데[사도행전 3:2, 10], 이것이 오역되었다.

'아름다운'에 해당하는 그리스어는 oraia이다. 그런데 히에로니무스가 4세기에 신약 그리스어 원본을 라틴어 불가타 역본(the Latin Vulgate version)으로 번역할 때, 그리스어 oraia를 음이 비슷한 라틴어 aurea(황금)로 혼동하여 잘못 옮겼다. 그리하여 라틴어 불가타 성서가 영역되면서 '아름다운 문'이 '황금문'이 된 것이라고 한다.

♣ 본래 성전 동문인 황금문의 현재의 모습

문의 아치에 금박을 입혀놓아 황금문이라 불리게 되었다고
한다.≪p63 사진 참조≫

또한 성서 오역의 결과로 황금문이 되었다는 설도 있다.

8 그러므로 천사의 지시에 따라, 두 사람은 각각 자기들이 있던 곳을 떠났다. 그리고 천사가 예언에서 명시한 장소인 황금문4)에 왔을 때, 그들은 서로 만났다.

9 그리고 나서, 서로를 보고 기뻐하면서, 그리고 자식을 얻게 되리라는 약속에 완전히 만족하여, 부부는 겸손한 자를 높이시는 하나님께 감사를 드렸다.

---

4) 문의 아치에 금박을 입혀놓아 황금문이라 불렸다.

♣ 황금문에서 만나는 요아킴과 안나

요아킴과 안나는 성모 마리아의 부모님, 즉 예수님의
외할아버지와 외할머니이시다.

황금문의 더블 아치를 한 개의 아치로 그린 것을 보면,
화가 지오토가 실제로는 예루살렘 황금문에 가 본적이
없는 것 같다.

10 하나님을 찬양한 뒤, 부부는 집으로 돌아와서, 하나님께서 하신 약속을 굳게 믿고 기대하면서 기쁨에 넘쳐 즐거운 나날을 보냈다.

11 이윽고 안나가 잉태하여 딸을 낳았다. 그리고 부모는 천사가 지시한대로 아기의 이름을 마리아라 하였다.

♣ 테오토코스 성모 마리아의 탄생

제 4 장

복되신 동정녀 마리아를 유대교 성전에 바치다

1 이윽고 삼년이 다 되고 젖 떼는 시기도 끝났다.

부모는 동정녀 마리아를 봉헌1)하기 위해 하나님의 성전으로 데리고 갔다.

---

1) 복되신 동정녀 마리아의 자헌(自獻). 성모 마리아의 어버이 성 요아킴과 성 안나 가 마리아를 세 살 때 유대교 성전에서 여호와 신께 바친 일. 11월 21일이 그 기념축 일이다.

♣ 복되신 동정녀 마리아의 봉헌[자헌]

2 성전 주위에는 시편 15편의 성전에 올라가는 노래2)에 따라, 위로 오르는 15개의 계단이 있었다.

3 성전이 산에 지어졌기 때문에, 번제를 드리는 제단은 번제가 없을 때에도 계단을 통해서가 아니면 가까이 다가갈 수 없었다.

---

2) 시편 제120-134편까지의 15편을 '성전에 올라가는 노래(Song of the Ascents)' 라고 부른다.

♣ 마리아의 자헌(自獻; Presentation of Mary at the Temple)
3살 난 마리아가 계단을 걸어올라 봉헌[자헌]되고 있다.

성전에 올라가는 노래(Song of Ascents)

시편 제120-134편 (70인 역이나 불가타에서는 119-133편)까지의 15편을 '쉬르 하 마알롯(Shir Ha Ma'aloth)', 즉 '성전에 올라가는 노래(Song of the Ascents)'라고 한다.

이 15편에는 모두 공통적으로 '다윗의 시, 성전에 올라가는 노래(Song of the Ascents)'라는 표제어가 붙어있기 때문이다.

영어로는 Song of Ascents[Degrees], Fifteen Psalms of Degrees, Gradual Psalms, Songs of Steps, Pilgrim Songs 등 다양한 이름으로 불린다.

이 15편의 시편들이 '성전에 올라가는 노래라고 불리는 이유는 예루살렘 성전 순례자들을 위한 찬송으로 널리 애창되었기 때문이다.

이스라엘 백성은 유대교의 3대 절기인 유월절, 맥추절(오순절) 및 초막절에는 예루살렘 성전에 의무적으로 올라가도록 되어 있었다.

이러한 절기에 성전으로 향하던 순례자들이 부른 찬송들이 바로 '성전으로 올라가는 노래'이다.

또한 레위인들이 예루살렘에 있는 성전에서 사역하기 위해 열다섯 계단을 하나씩 올라갈 때마다 시편 하나씩을 노래한데서 유래하였다고도 한다.

♣ 절기를 맞이하여 예수살렘 성전으로 몰려드는 이스라엘 백성들

스크로베니 예배당(Scrovegni Capel) 벽화의 비밀

 신약성서에는 마리아에 대한 기록들이 모조리 삭제되고 극히 일부만 단편적으로 남아 있어, 마리아에 대해서는 제대로 알 수 없는 실정이다.

 예를 들어, 신약성서에서는 마리아의 탄생과 성장과정에 대해 단 한 줄의 언급도 없다. 또한 신약에서는 갑자기 마리아가 요셉과 약혼하고 곧 이어 성령으로 잉태하는 식으로 이야기가 전개된다. 도대체 마리아가 어떻게 하여 요셉을 만나 약혼하게 되었는지 등에 대해 단 한 줄의 언급조차 없다.

 베네치아에서 서쪽으로 40킬로 되는 파도바(Padova; 갈릴레이가 교수로 있던 Padova 대학이 있는 곳)에는 스크로베니 예배당(Scrovegni Capel)이 있다. 이 예배당의 제단 옆 양쪽 벽면에는 르네상스 미술의 선구자인 지오토(Giotto di Bondone, 1266?-1337)가 예수의 생애를 그린 프레스코화가 있다. 이 그림들은 지오토가 활약하던 14세기까지도 비밀리에 전해 내려오던 마리아의 전승을 벽화로 남긴 것이다.

 39장의 벽화를 하나씩 더듬어 보면, 특히 신약성서에서는 모조리 삭제되어 결코 알 수 없는 1-14까지의 성모 마리아에 관한 귀중한 정보를 보고 크게 놀라게 된다.

 그 순서는 다음과 같다.
❶ 신전에서 쫓겨 나가는 요아킴(The Expulsion of Joachim)
❷ 요아킴과 양치기들(Joachim amongst the Shepherds)
❸ 안나에의 수태고지(An angel's Annunciation to Anna)
❹ 희생을 바치는 요아킴(Joachim Sacrifices a Kid Goat to the Lord)
❺ 요아킴의 꿈(Joachim's Dream)
❻ 황금문에서의 만남(Joachim Meets Anna at the Golden Gate)
❼ 마리아의 탄생(The Nativity of Mary and Bathing the Infant)
❽ 마리아의 봉헌(The Presentation of Mary at the Temple)
❾ 지팡이를 제단에 가져다 놓음(The Bringing of the Sticks to the Altar)
❿ 요셉이 지팡이로 점으로 낙점됨(Joseph and the Stick Divination)
⓫ 마리아의 약혼(The Betrothal of the Virgin)
⓬ 마리아의 결혼행렬(The Nuptial Cortege)
⓭ 천사 가브리엘의 파견(The Angel Gabriel's Visitation to the Virgin)
⓮ 마리아에의 수태고지(The Annunciation to Mary)

4 부모는 복되신 동정녀 아기 마리아를 이 계단에 올려놓았다.

5 그러나 부모가 여행할 때 입고 있었던 옷을 벗고, 관습에 따라[3] 더 깔끔하고 깨끗한 옷으로 갈아입고 있었다.

6 그 사이에 하나님의 동정녀는 이끌어주거나 들어 올려주는 어떤 사람의 도움도 없이 하나씩 하나씩 모든 계단을 걸어 올라갔다.

그러므로 어느 누구든지 그녀가 사리분별 할 줄 아는 나이가 되었다고 여길 정도였다.

---

3) 세계의 거의 모든 종교에서는, 신전에 들어가기 전에 평상복이나 여행복 등을 격식을 갖춘 깨끗한 옷으로 갈아입는 것이 관습화되어있다.

♣ 복되신 동정녀 마리아의 봉헌[자헌]

7 이와 같이 하나님께서는 동정녀가 어린 시절에 이 놀라운 일을 하셨으며, 이 기적을 통해 마리아가 앞으로 얼마나 위대하게 될 것인지를 증명해 보이셨다.

8 부모는 율법에 정해져 있는 관습대로 제물을 바치고 맹세를 이행한 뒤, 다른 동정녀들이 양육되는 성전 부속건물에 동정녀 마리아를 맡기고 집으로 돌아갔다.

♣ 복되신 동정녀 마리아의 봉헌[자헌]

제 5 장

마리아를 누구와 약혼시켜야 할지 신에게 묻다

1 그러나 하나님의 동정녀 마리아는 경건함 속에서 나이가 들어갔고, 성숙해갔다.

찬송가 작자의 말에 따르면, 아버지와 어머니가 그녀를 돌보지 않았어도 하나님께서 그녀를 돌보아주셨다.

2 마리아는 날마다 천사들과 이야기를 나누고, 날마다 하나님이 보내시는 방문자들을 맞이하였다. 그리하여 온갖 악에서 보호받고 온갖 선으로 충만하게 되었다.

"어린 마리아는 여호와의 성전에서
마치 비둘기처럼 살았다고 전하여 진다."

3 마침내 마리아가 열네 살이 되었다.

사악한 무리들은 마리아의 어떤 것에 대해서도 흠을 잡을 수 없었으므로, 마리아를 아는 모든 선한 사람들은 그녀가 생활하고 말하는 바에 대해 감탄하였다.

♣ 성모 마리아의 어린 시절의 모습
Francisco de Zurbaran, 1598~1664, Spain

4 그 무렵 대사제가 다음과 같은 공식명령을 내렸다. 성전에서 공동으로 거주하는 처녀들은 열네 살이 되면 모두 집으로 돌아가야 한다. 그리고 이제 충분히 성숙하였으므로 나라의 관습에 따라 결혼하도록 하여야 한다는 것이었다.

5 다른 처녀들은 모두 그 명령에 기꺼이 순종하였으나, 오로지 하나님의 동정녀 마리아만은 그것을 따를 수 없다고 대답하였다.

6 마리아는 자신과 부모 모두 자신을 하나님을 섬기는데 바쳤고, 게다가 하나님께 동정을 지키겠다고 맹세하였으며, 결코 남자와 잠자리를 함으로써 그 맹세를 깨지 않겠다고 결심하였다고 복종을 거절하는 이유를 들었다.

7 이로써 대사제는 난처한 입장에 놓이게 되었다.

8 한편으로는, 감히 마리아의 맹세를 해제시켜 줄 수도 없었다. 맹세하면 반드시 지켜야 한다는 성서의 가르침을 따르지 않을 수 없었기 때문이었다.

9 또한 다른 한편으로는, 사람들에게 생소한 관습3)을 도입할 수도 없었다.

---

3) 유대교에서 독신주의는 자연을 거스르는 것이라는 입장을 취한다. 또한 수메르나 바빌로니아, 이집트, 그리스 신전에서는 평생 독신으로 살면서 신전에 봉사하는 여사제들이나 무녀들이 있었지만, 유대교의 여호와 신전에는 없었다.

10 대사제는 다가오는 축제에서 예루살렘과 인근 지역의 모든 주요 인사들이 함께 모여, 어떻게 하면 그 어려운 상황을 잘 처리할 수 있을지 자기에게 조언을 해 달라고 하였다.

11 주요 인사들이 모두 한 자리에 모이자, 그들은 만장일치로 이 문제에 관해서 하나님께 조언을 구하기로 의견을 모았다.

12 모두 기도에 열중하고 있을 때, 대사제는 늘 하던 방식대로 하나님의 지시를 받으러 갔다.

13 그러자 즉시 계약의 궤와 속죄소에서 음성이 들려 왔는데, 거기 참석한 모두가 그 음성을 들었다.

동정녀 마리아를 누구에게 주어 약혼하게 해야 하는지는 이사야의 예언서에서 답을 구하라는 목소리였다.

유대교 성전의 계약의 궤와 속죄소

≪성서의 뿌리: 오리엔트 문명과 구약성서, 제13장에서 발췌≫

계약의 궤(The Ark of the Covenant; 언약의 궤; 성궤; Aron HaBrit(히))는 이스라엘 민족 신앙의 중심이었을 뿐만 아니라, 유대교 성서 출애굽기 25장에서 처음 언급된 이래 오랫동안 사람들을 매료시켜 왔다.

계약의 궤에는 초자연적 힘이 있어서 적을 패퇴시킬 수도 있었다고 믿었기 때문에 각종 소설이나 영화 등의 단골 소재로 등장하여 왔다.

모세는 이스라엘 백성이 하나님을 예배할 수 있는 장막 신전(Tabernacle; 옛 유대인의 이동식 천막신전; 성막/聖幕)을 세웠다.

그 천막신전 내부의 휘장으로 가려진 곳을 성소(聖所; Sanctuary)라고 불렸다. 성소에서 가장 안쪽 방은 지성소(至聖所; Holy of Holies)라 불렸는데, 여기에 계약의 궤가 놓여졌다.

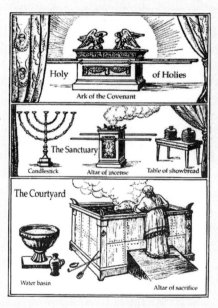

계약의 궤에는 유대민족의 3개의 귀한 유물, 즉 십계명이 새겨진 두 돌판, 유대교 최초의 제사장이었던 아론의 지팡이, 그리고 사막에서 내려준 음식인 만나를 담아둔 황금항아리를 넣어두었다고 한다.

♣ 광야에 설치된 여호와 신의 성막과 그 내부구조

히브리어 성서에 따르면, 계약의 궤 위에 놓인 뚜껑은 아카시아 나무로 만들고 금으로 덮은 것이며, 2명의 케루브(Cherub; 지품천사/智品天使)가 날개를 펼쳐 여호와 신이 나타나는 자리인 속죄소(贖罪所; Mercy Seat; ha-kapporet/하 카포레)라 불리는 곳을 보호하고 있다.

이것은 속죄일(Yum Kippur/욤 키푸르; the Day of Atonement)의 의식과 관련이 있는데, 하나님 자신이 속죄일에 2명의 지품천사의 날개 사이에 주재하였다고 한다.

오랫동안 사람들은 성궤가 여호와 신의 지시대로 만들어 진 것으로 믿어왔다. 그런데 근현대에 들어와, 성궤가 사실은 당시 이집트에서 쓰이던 궤를 그대로 모방하여 만들어진 사실이 밝혀지는 놀라운 일이 일어났다.

성궤와 같은 궤짝들이 이집트에서 귀족들에 의해 이미 사용되고 있었다고 생각을 해 보라!

1922년 영국의 고고학자이자 이집트학자인 하워드 카터(Howard Carter, 1873~1939)가 발굴한 투탕카멘(Tutankhamen) 왕의 묘에서 많은 부장품들이 쏟아져 나왔다.

그 중에는 여신 이시스 궤(Isis chest)도 들어 있었는데, 고고학자들은 이시스 궤의 모양과 형식이 계약의 궤의 원형이었음을 한눈에 알 수 있었다.

유대인들이 만들었다는 계약의 궤의 원형이 이미 기원전 2000년경 이집트 왕가와 귀족층에서 흔하게 사용되고 있었던 것이다.

≪성서의 뿌리: 오리엔트 문명과 구약성서, 제13장에서 발췌≫

♣ 고대 이집트 투트 왕
(King Tut)의 묘에서 발굴된
이시스 궤

♣ 이스라엘 계약의 궤 복제품
궤의 형식은 물론 궤 위에 있는 조각상의
날개 모양까지 이집트 여신상을 그대로
모방했음을 알 수 있다

이스라엘인들이 아시리아와 이집트에서 모방한 가장 큰 특징인 계약의 궤의 속 죄소(mercy seat)를 날개로 덮는 케루브(cherub)를 보기로 하자.

이집트인들은 궤 뚜껑 위를 날개를 펴고 있는 네프티스(Nephthys)와 이시스(Isis) 의 여신상으로 장식하였다. 고대 이스라엘인들은 이것을 그대로 모방하여 계약의 궤 뚜껑 위를 날개를 펴고 있는 케루브의 상으로 장식하였다.

성서에서 말하는 '그룹'이란 바로 케루브를 가리킨다. 케루브란 사람의 얼굴에 날 개를 가진 초인적 존재의 형상이다. 이것은 바빌로니아와 아시리아에서 기원하여 이집트에까지 널리 퍼져있었다.

케루브(cherub; cherubim/케루빔은 히브리어 남성복수)라는 말은 아시리아어 kirubu/키루부('가까이에 있다'라는 뜻)에서 왔다. 보통 신 가까이에서 봉사하는 천 상의 영적 존재를 말한다. 이집트어로는 아시리아어 kirubu에 음가를 맞추어 크르 브(Xeref=K-r-bh)로 불렀다.

유대교 사전에 따르면, 왕의 머리, 사자의 꼬리, 독수리의 날개를 단 케루브는 페 니키아와 가나안에서도 수호신으로 신봉되었다.

후대에 유대교에서도 이 형상이 여호와 신의 성소를 지켜주는 것으로 믿어 계약 의 궤에 황금 케루브의 조각을 설치하였다. 기독교에서는 르네상스 이후 종교미술 에서 날개 달린 아기천사로 그려졌다.

≪성서의 뿌리: 오리엔트 문명과 구약성서, 제13장에서 발췌≫

♣ 이집트의 네프티스와 이시스 여신상(좌)과 유대교 계약의 궤의 케루브상
이시스는 영원한 모성애를 상징하는 여신이다. 역사고고학계에서는
이시스 상이 성모 마리아 상의 원형이 된 것도 널리 알려져 있다.

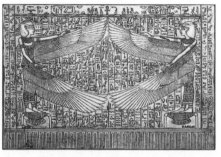

♣ 아시리아(왼쪽)와 이집트(위)의 케루브

♣ 케루브의 변형인
날개 달린 아기천사

♣ 유대교에서 차용하여 여호와 신전을 장식한 케루빔(케루브의 복수)

　자신을 제외한 다른 신들을 질투한다는 여호와 신이 외국에서 수입된 수호신의 보호를 받고 있는 셈이 된 것이다.

　이처럼 이스라엘인들은 바빌로니아, 아시리아, 이집트의 여신 케루빔을 차용하여 그토록 신성시하는 여호와 신전 계약의 궤를 장식하였던 것이다.

　그야말로 남이 신상을 모시면 우상숭배이지만 자신은 남의 신상을 빌려다 모셔도 전혀 문제가 되지 않으며 혼자만이 옳다는 식이다. 이처럼 종교의 독선은 진실과 사실을 보는 눈을 멀게 하는 실로 무서운 것이다.

14 이사야는 말하기를, "이새의 줄기에서 어린 가지가 나고, 그 뿌리에서 꽃이 피어날 것이요,

15 그의 위에 여호와의 영 곧 지혜와 총명의 영이요 모략과 재능의 영이요 지식과 여호와를 경외하는 영이 강림하시리니 3)" 라고 하였기 때문이다.

---

3) ✡ 이새의 줄기에서 한 싹이 나며 그 뿌리에서 한 가지가 나서 결실할 것이요 그의 위에 여호와의 영 곧 지혜와 총명의 영이요 모략과 재능의 영이요 지식과 여호와를 경외하는 영이 강림하시리니   [이사야 서 11:1~2]

  ✡ 그 날에 이새의 뿌리에서 한 싹이 나서 만민의 기치로 설 것이요. 열방이 그에게로 돌아오리니 그가 거한 곳이 영화로우리라.   [이사야 서 11:10]

16 그러고 나서 이 예언에 따라, 대사제는 다윗 가문의 남자들 가운데 혼기가 되었지만 미혼인 모든 남자들은 자신의 지팡이를 가져다 제단에 올려놓으라고 지시하였다.

17 지팡이를 가져다 놓은 후, 누군가의 지팡이에서 꽃이 피고, 그 위에 하나님의 영3)이 비둘기의 형상으로 나타나 앉게 된다면, 그 사람에게 동정녀 마리아가 주어져 약혼해야만 하는 사람이 되는 것이다4).

---

4) 유대교에서 행하여지는 점치는 방법에는 지팡이 점 외에 돌멩이 점(우림과 둠밈), 제비뽑기 점, 게마트리아라는 숫자점, 성서점(聖書占; 개전점/開典占; 성서를 임의로 펼쳐 그 페이지에서 맨 먼저 눈에 들어오는 문장으로 그 날의 운수 따위를 점치는 것) 등 다양하다.
내가 하면 신탁이고 남이 하면 점치는 미신 행위라고 폄하하는 유대인들의 아집 내지는 독선은 구약시대 이래로 악명 높다.

♣ 지팡이를 제단에 가져다 놓는 미혼 남자들
이때 요셉은 나이가 많아서 지팡이를 제단에 올려놓지
않았다.
Giotto di Bondone 작, 1305년
아레나 예배당(Arena Chapel) 프레스코 화, Padova, Italy

제 6 장

요셉이 지팡이 점으로 마리아의 약혼자로 낙점되다

1 나머지 사람들 중에 다윗가문 출신의 요셉이라고 하는 사람이 있었다.

그는 나이가 상당히 많이 들어서[1] 사람들 모두가 각자의 지팡이를 제단에 올려놓을 때 자기의 지팡이를 뒤로 뺐다.

2 그리고 나서 하늘의 소리에 합당하는 아무 것도 나타나지 않자, 대사제는 하나님께 다시 의견을 구하는 것이 옳다고 판단하였다.

---

1) 요셉이 마리아를 만날 당시의 연령은 40세로 알려져 있다.

♣ 청혼자들이 지팡이를 제단에 놓았으나 아무런 반응도 없었다.
Giotto di Bondone 작, 1305년

3 그러자 하나님께서는 모인 사람들 가운데 지팡이를 제단에 올려놓지 않은 오직 한 사람이 있다.

그런데 동정녀 마리아가 약혼해야 할 사람은 바로 그 사람이라고 응답하셨다.

4 그로 말미암아 요셉이 명령에 따르지 않은 사실이 들통나고 말았다. 2)

---

2) 사람들 모두가 각자의 지팡이를 제단에 올려놓을 때 요셉이 지팡이를 뒤로 뺀 것은 요셉이 나이가 많아서였을 뿐만이 아니라, 이미 초혼이 아니었기 때문이었다. 요셉은 이미 결혼하여 첫 부인(살로메)과 사별한 후 홀아비로 지내고 있었으며, 첫 부인과의 사이에서 낳은 두 딸(아씨아, 리디아)도 모두 장성하여 출가한 상태였다.

대제사장이 모인 사람들에게 외쳐 물었다.
"지팡이를 제단에 올려놓지 않은 오직 한 사람 있다.
 도대체 그게 누구냐?"
                                    -《복되신 성모 마리아의 일생》중에서

5 요셉이 지팡이를 가져다 놓았을 때였다. 하늘에서 내려온 비둘기가 그 꼭대기에 내려앉았다.

이로써 모든 사람들은 동정녀 마리아가 그 사람과 약혼해야 한다는 것을 분명히 알게 되었다.

6 이에 따라 관례대로 약혼식³⁾을 마치고, 요셉은 집을 마련하고 결혼생활에 필요한 것들을 마련하기 위해 자기 집이 있는 베들레헴으로 돌아갔다.

---

3) 요셉과 마리아의 아버지 요아킴이 케투바(ketubbah; 결혼증서)에 서명하고 낭독한다. 이로써 정혼(betrothal; 약혼)이 된 것이다.

약혼[정혼]은 모든 면에 있어서 결혼과 똑같은 효력이 있었지만, 아직 미완성된 결혼이다. 따라서 잠정적인 부부로 인정되지만 신부는 아버지의 통제 아래에 있으며, 아직 성관계도 가질 수 없다. ≪pp102-107 참조≫

♣ 요셉의 지팡이 위에 내려앉은 비둘기

7 하나님의 동정녀 마리아는 대사제가 마리아의 시중을 들라고 지정한 일곱 명의 처녀와 함께[4] 갈릴리에 있는 자기 부모의 집으로 돌아왔다.

이 처녀들은 동정녀 마리아와 같은 시기에 젖을 떼고 성전에 봉헌된 동갑나이의 처녀들이다.

---

4) 고대 유대인들의 결혼식에서는 신랑과 신부의 각각 10여 명 정도의 친구들이 들러리 겸 증인으로서 동반하였다.

♣ 복되신 성모 마리아의 약혼식
마리아와 같은 시기에 성전에 봉헌된 동갑나이의 처녀들이
뒤에 있다.
Giotto di Bondone 작, 1305년
아레나 예배당(Arena Chapel) 프레스코 화, Padova, Italy

고대 유대인들의 독특한 약혼식과 결혼식 관례

《성서의 뿌리: 오리엔트 문명과 구약성서, 제13장에서 발췌》

우리가 유대인의 결혼문화에 대한 기본적 상식 없이 성서를 읽는다면, 성서를 제대로 이해하기 어려울 뿐 아니라 많은 중요한 사실들을 놓치기 쉽다.

유대교에서는 결혼하지 않는 것을 커다란 수치로 여겼다. 유대인에게 결혼은 선택이 아닌 필수였다. 유대인들은 열 두 세살이 되면 결혼을 시켰다.

고대 유대인의 결혼은 3단계를 거치는데, 흔히 3C, 즉 Contract(혼인계약에 의한 약혼), Consummation(초야를 치름으로써 결혼 완성), Celebration(결혼 축하잔치)의 과정을 거친다.

1단계: 혼인계약서(ketubbah/케투바)에 의한 약혼[정혼]

고대 유대인들의 약혼은 오늘날 우리의 약혼과는 상당히 다르다. 유대인의 약혼은 거의 결혼과 같은 것이어서, 약혼한 커플은 서로 남편과 아내라 불렀으며 동침하는 것을 제외한 결혼의 모든 권리(호적, 상속 등)를 가졌다. 이 약혼을 무효화하려면 '겟(Get)'이라는 이혼증서가 필요하였다.

약혼한 여자가 부정을 범하면 간통으로 처벌되어 돌에 맞아 죽었다.

1. 약혼하려면 신랑은 신부될 사람의 집을 찾아가 여자 부모에게 반드시 신부 값(bride price)을 지불해야 하였다.

야곱은 라반의 두 딸과 결혼하기 위해 각각 7년씩 모두 14년을 일해주어야 했다.

2. 신부의 아버지와 신랑이 케투바(ketubbah; 혼인계약서)에 서명을 하고 낭독한다. 각각의 증인 2명이 서명한다. 이로써 약혼(betrothal; 정혼)이 성립된 것이다.

3. 약혼하고 나면 부부로 인정되지만, 신부는 아버지의 통제 아래에 있으며 아직 성관계는 가질 수 없다.

♣ 케투바(ketubbah; 혼인계약서)

4. 약혼 기간은 보통 1년에서 2년 정도였다. 약혼 기간을 최소한 1년으로 잡은 데는 약혼녀의 성적인 순결을 확인하기 위한 목적도 있었다. 만일 여자가 결혼증서 서명 당시 이미 남의 애를 임신한 상태라면 1년의 약혼기간 동안에 아이를 낳을 것이고, 그 여자의 순결을 확인할 수 있게 된다.

마리아의 경우, 요셉과 마리아의 아버지 요아킴이 케투바에 서명함으로써 약혼이 성립되었지만 그들이 결코 성관계를 갖지 않았음에도 불구하고, 약혼기간 동안에 마리아가 남의 씨를 잉태한 사실이 드러났던 것이다.

2단계: 초야를 치름으로써 결혼 완성

결혼은 신부 집에서 첫날밤을 치름으로 완성되었으며 신랑이 신부의 처녀성을 확인하고 자기 집으로 데려가 의례적 결혼식을 올렸다.

1. 약혼기간이 끝나고 신랑이 케투바에 명시되어 있는 재정적, 법적 요건을 충족시켰을 때, 그는 결혼식 날짜를 정하고 신부 집에 알린다.

2. 신부 집에서는 신방을 준비해놓고, 신부는 들러리 처녀들과 함께 신랑과 동료들의 도착을 기다린다.

당시에는 교통통신수단이 미비하였기 때문에 신랑이 언제 도착할지 알 수 없었다. 그러므로 미리 준비를 다하고 있어야 하였다.

3. 초야를 치르는 행사는 저녁에 시작된다. 신랑과 신부가 들러리들에 에워싸여 신방이 준비된 장소로 간다. 이 때 사람들도 횃불을 들고 행렬을 이루어 그곳으로 간다. 이러한 유대인의 결혼식 장면은 '지붕위의 바이올린(Fiddler on the Roof)' 이라는 영화에도 잘 나와 있다.

4. 신랑과 신부는 신방에 들어가 초야(初夜)를 치름으로써 결혼을 완성한다.

이때 침대에는 미리 흰 리넨 천을 깔아놓는데, 신랑 신부가 첫 성관계를 갖는 동안 신부가 흘린 피가 여기에 묻게 된다. 이것을 '처녀성 증거의 천(the proof of virginity cloth; virginity cloth)' 이라 불렀다.

이 천은 약 2피트 정도인데, 신부의 어머니 또는 신부 자신이 신랑 신부의 이름과 신방에 든 날짜를 바느질하여 새겨둔 것이다.

4. 신랑 신부가 신방에서 성교로 결혼을 완성하는 동안, 신랑과 신부의 친구들은 인접한 방이나 밖에서 들러리 겸 증인으로서 대기하였다.

5. 신부가 처녀임을 확인한 신랑이 그 사실을 알려주면, 신랑과 신부의 친구들은 함께 외치며 흠 없는 결혼이 성사되었음을 기뻐하였다.

† 신부를 취하는 자는 신랑이다. 그러나 [신방 밖에] 서서 신랑의 음성을 듣는 친구가 크게 기뻐하나니 나는 이러한 기쁨으로 충만하였노라.

[요한복음 3:29]

6. 신랑 신부가 첫 성교를 가진 후, 신랑은 밖으로 나와 신부의 부모가 선택한 증인들에게 피 묻은 '처녀성 증거의 천(the proof of virginity cloth)'을 건네어 보여준다.

신부의 가족들은 신부의 처녀인 표, 즉 피 흘린 흔적을 보존할 책임이 있었다. 새 남편이 나중에 신부가 처녀가 아니었다고 비난하는 경우에 증거로 사용하기 위함이었다.

만일 신부가 피를 흘리지 않았으면 신랑은 이것을 증인들에게 보고할 수 있었으며 신부는 여호와 신의 말씀에 따라 돌에 맞아 죽게 되어 있었다.

† 그 처녀에게 처녀의 표적이 없거든, 그 처녀를 그의 아버지 집 문에서 끌어내고 그 성읍 사람들이 그를 돌로 쳐 죽일지니 이는 그가 그의 아버지 집에서 창기의 행동을 하여 이스라엘 중에서 악을 행하였음이라 너는 이와 같이 하여 너희 가운데서 악을 제할지니라.   [신명기 22:20∼21]

7. 신부 집에서도 잔치를 하지만, 이 잔치는 혼인잔치가 아니었다. 정식 혼인잔치는 신부 집에서 하는 것이 아니라 신랑의 집에서 하게 되어 있었다.

이 비유에 나오는 신부 집에서 있었다고 하는 잔치는 혼인 잔치가 아니라 먼 길을 온 신랑과 그 일행을 위하여, 그리고 딸을 멀리 시집보내면서 아쉬워하는 마음으로 준비한 잔치다.

8. 신부 집에서 초야를 치른 후, 신랑 신부의 친구들은 신랑 집에서의 결혼식 잔치를 위해 행렬을 지어 노래 부르고 춤을 추며 신부를 신랑 집까지 호위하여 인도하였다.

○ 신약성서에 나오는 열 처녀의 비유(The Parable of the Ten Virgins)는 신부 집에서 초야를 치르는 날 밤에 벌어지는 일들을 토대로 하여 전개되는 비유 이야기이다. [마태복음25:1-13]

1. 이 비유에 나오는 열 처녀는 신부가 아니다. 그들은 신부의 들러리들로서, 신부의 친구들이거나 자매들일 것이다. 이 열 처녀는 신방 행사에서 신부의 들러리 겸 증인으로 봉사하기 위하여 신부 집에 와 있었다.

2. 신부가 신랑을 기다리는 동안, 신랑이 예기치 않게 늦어지자 기다리고 있던 들러리로 온 열 처녀가 모두 잠이 들었다. 신부는 잠들지 않았다.

♣ 불을 밝히고 신랑 일행을 맞으러 나가는 열 처녀들

3. 신랑은 한밤중이 되어서야 신부 집에 도착하게 되었다. 신랑의 들러리들은 쇼파르(shophar; 뿔 나팔)를 불어 도착을 알린다.

신랑이 온 것을 안 열 처녀들은 허겁지겁 일어나 일행을 맞으러 나갔다.

✝ 그 날과 그 때는 아무도 모르나니 … 아버지만 아시느니라. 주의하라 깨어있으라 그 때가 언제인지 알지 못함이라. … 언제 올는지 혹 저물 때일는지, 밤중일는지, 닭 울 때일는지, 새벽일는지 너희가 알지 못함이라.
[마가복음 13:32~35]

4. 유대인의 결혼식은 저녁에 시작되므로, 등불이나 횃불을 오래 사용하려면 많은 기름이 필요하게 된다.

열 처녀의 비유에서 미련한 다섯 처녀와 슬기로운 다섯 처녀의 차이점이 이 시점에서 드러난다.

충분한 기름을 준비한 다섯 슬기로운 들러리 처녀들은 신랑과 그 일행을 맞이하고, 신랑이 신부를 신방에 데려가 초야를 치른 후 열리는 축하 잔치에 참여한다.(먹을 것이 부족하던 옛날에 잔치에 참여하여 먹고 마시는 것은 대단히 기쁜 일이었다.)

5. 다섯 명의 미련한 처녀들은 충분한 기름을 준비하지 못하였기에 낭패를 당한 것이다. 그들은 신랑을 기다리는 동안 기름이 떨어져, 기름을 구하러 간 사이에 잔치가 시작되었다. 그들이 뒤늦게 와서 문을 열어달라고 애원했으나 소용이 없었다.

† 그러므로 깨어 있어라. 너희는 그 날과 그 시각을 알지 못하기 때문이다."(마태복음 25:13)

3단계: 결혼 축하잔치

유대인의 결혼식에서 신랑과 신부는 반드시 추파(chuppah; huppah/후파; 닫집 모양의 차양; marriage canopy) 밑에 들어가서 결혼식을 한다.

이 추파는 초야에 신부 밑에 깔렸던 처녀성 증거의 천(the proof of virginity cloth)을 상징하는 것이라고 한다.

또는 여호와 신이 아브라함에게 하늘의 별들을 바라보라고 하시면서 하늘의 별만큼 많은 자손을 주겠다고 약속한 하늘을 상징하는 것이라고도 한다.

♣ 추파 밑에서 행하여지는
유대인들의 결혼식

원광이 있는 분이 성모 마리아, 그 뒤에 들러리 처녀들이 뒤따르고 있다.

마리아 바로 앞의 흰 수염이 있는 분이 요셉인데, 바로 앞에서 악사가 만돌린을 켜고 두 사람이 쇼파르를 불고 있다.

쇼파르는 뿔피리인데 여기서는 긴 나팔처럼 묘사되어 있다.

♣ 요셉과 성모 마리아의 결혼식 행렬

1. 신랑 신부가 추파에 들어가기 전에, 신랑은 신부의 얼굴에 베일을 덮어 준다. 추파에 도착했을 때, 신부는 신랑 주위를 3~7바퀴 돈다. 이것은 "여자가 남자를 둘러싸리라[예레미야 31:22]"에서 비롯된 것이다.

세 바퀴는 결혼의 세 가지 미덕인 의로움, 정의, 사랑의 친절을 나타낸다. 일곱 바퀴는 유대교에서 점칠 때 사용하던 게마트리아(gematria; 수비술/數秘術)에서 7이 완벽과 완성을 나타내는 유대교의 개념에서 온 것이다.

유대교 결혼식에서 일곱 바퀴를 도는 관습은 고대 인도에서 온 것이다. 인도의 결혼식에서는 오늘날에도 신랑 신부가 아그니(Agni; 불의 신)를 형상화한 불꽃 둘레를 완벽과 완성을 나타내는 일곱 걸음씩 걷는다. 이 의식을 삽따빠디(Saptapadi; 산스크리트로 '일곱 걸음'이라는 뜻)라 한다. 샤카무니 붓다가 탄생 시 사방으로 일곱 걸음씩 걸었다는 전설도 바로 이 인도의 숫자에 대한 고대 관념에서 나온 것이다.

≪성서의 뿌리: 그리스 · 인도사상과 신약성서, 제2장에서 발췌≫

2. 결혼식이 거행되는 가운데 신랑은 신부에게 반지를 끼워준다. 이 결혼반지에는 보석을 박을 수 없도록 되어있는데, 그것은 보석의 진위나 가치를 두고 나중에 분쟁이 일어 혼인이 깨지는 것을 막기 위한 것이다.

3. 결혼식이 끝나면, 7일 또는 14일 동안 계속 사랑의 노래(아가/雅歌)들을 부르며 큰 잔치를 열었다. 잔치를 7일 동안 하는 것은 야곱이 레아를 맞이하고 7일 동안 초례 기간을 가진 데서 비롯되었다[창세기 29:27].

신랑과 신부는 그들을 위하여 마련해 둔 신방(yichud/이추드; seclusion room)에 들어가서 7일 동안 잔치가 계속되는 동안 이 방에 머무르게 된다.

제 7 장

천사가 마리아에게 메시아를 잉태할 것임을 알리다

1 그때 마리아가 갈릴리에 처음 와 있는 시기였다.

하나님께서 천사 가브리엘을 보내시어 우리의 구세주를 잉태할 것이라고 알리고, 또 그 잉태방식도 알리게 하셨다.

♣ 신께서 복되신 성모 마리아에게 천사 가브리엘을 보내시다.
옥좌 옆에서 날개를 펼치려 하고 있는 천사가 가브리엘이다.
Giotto di Bondone 작, 1306년
아레나 예배당(Arena Chapel) 프레스코 화, Padova, Italy

2 이에 따라 천사 가브리엘이 마리아의 방으로 들어가, 마리아가 있는 방을 놀라운 광채로 가득 채우고 아주 정중한 태도로 인사하고 말하였다.

3 마리아께 하례하나이다! 하나님의 가장 마음에 드는 동정녀시여! 오, 은총이 충만한 동정녀이시여[1]!

하나님이 당신과 함께 계시며, 당신은 지금까지 태어난 모든 여자들보다도, 모든 남자들보다도 한층 더 축복 받은 분이십니다.

---

1) 마리아께 하례하나이다(Ave Maria; Hail Mary). 아베 마리아의 문자 그대로의 뜻은 '안녕하십니까? 마리아여!(Hail Mary)' 라는 뜻이다.

♣ 수태고지(受胎告知; 聖母領報/성모영보; Annunciation; 임신했음을 알림)

천사 가브리엘이 지금 막 하늘에서 내려와 착지한 듯, 그의 날개는
채 접혀지지도 않았고, 겉옷도 아직 바람에 날리고 있다.
천사의 입에서는 지금은 기도문이자 성모송이 된 그의 인사말이
흘러나오고 있다.(그림에는 천사의 입 앞에 글씨로 쓰여 있다.)
마리아는 반갑지 않게 등장한 전사를 못마땅한 눈으로 쳐다본다.
회피하는 듯 뒤튼 자세에서 그녀의 당황스러움과 불쾌감이 보인다.
황금색 꽃병에 꽂혀 있는 흰 백합은 마리아의 순결과 처녀성을
상징한다. 그러나 흰 백합은 1,200년 이상 지난 뒤 십자군 전쟁 때
아시아에서 유럽에 들어오게 된다.
Simone Martini, 1333, Uffizi Museum, Florence, Italy

아베 마리아(Ave Maria),
천사의 성모영보[수태고지] 인사말이 기도문이 되다

아베 마리아(Ave Maria, Hail Mary)의 문자 그대로의 뜻은 '안녕하십니까? 마리아여!(Hail Mary)'라는 뜻이다.

아베 마리아는 기독교의 가장 대표적인 성모찬가로 성모송(聖母頌; Ave Maria Preces; 예수 그리스도의 어머니이신 성모 마리아께 바치는 기도)이라 부르고, 고금의 많은 작곡가들의 손에 의해 수많은 작품이 만들어졌다.

아베 마리아의 가사는 라틴어로 되어 있고, 수태한 마리아를 방문한 천사의 문안 인사[누가복음 1:28]와 수태한 마리아의 방문을 받은 세례 요한의 어머니 엘리사벳이 마리아에게 한 인사[누가복음 1:42: 큰 소리로 불러 이르되 여자 중에 네가 복이 있으며 네 태중의 아이도 복이 있도다], 그리고 15세기 중반 성 베르나르도의 시로 이루어진 기도문이다.

원래 6-7세기 기독교 기도문 가운데 하나였는데, 10세기경에 곡을 붙여 아름다운 선율로 옮겨 놓은 것이다. 성모 마리아를 기념하고 찬미하는 성가곡으로 사용되었다. 저자가 젊은 시절, Mario Lanza의 아베 마리아를 듣고 밤잠을 못 이루던 기억이 지금도 생생하다.

Ave Maria Preces

Ave Maria, gratia plena,	아베 마리아 그라티아 플레나,
Dominus tecum.	도미누스 떼꿈.
Benedicta tu in mulieribus,	베네딕타 투 인 물리에리부스,
et benedictus fructus ventris tui, Iesus.	에트 베네딕투스 프룩투스 벤트리스 투이, 예수스.
Sancta Maria, Mater Dei,	상타 마리아, 마테르 데이,
ora pro nobis peccatoribus,	오라 프로 노비스 펙카토리부스,
nunc et in hora mortis nostrae.	눙크 에트 인 오라 모르티스 노스트래.
Amen.	아멘.

은총이 가득하신 마리아님, 기뻐하소서!

주님께서 함께 계시니

여인 중에 복되시며

태중의 아들 예수님 또한 복되시나이다.

거룩하신 마리아여!

하느님의 어머니인 성모 마리아여!

천주의 성모 마리아님,

이제와 저희 죽을 때에

저희 죄인을 위하여 빌어주소서.

아멘.

아베 마리아(Ave Maria) 중 가장 유명한 곡은 구노의 아베 마리아, 슈베르트의 아베 마리아, 그리고 카치니의 아베 마리아이다. 그 외에도 멘델스존, 마스카니 등 여러 작곡가의 아베 마리아가 있다.

구노의 아베 마리아는 구노(Gounod)가 바흐(Bach)의 "클라비어 곡집 1부 전주곡과 푸가 제1번 C장조" 중에서 전주곡의 앞부분의 선율을 따 작곡한 것이다. 이 곡은 구노가 조선에서 순교한 그의 친구 앵베르 주교를 기리며 작곡한 것이다. 구노의 아베 마리아는 종교적이고 경건하지만 다장조이기에 밝은 느낌의 조성을 가지고 있다. 한편 카치니의 아베 마리아는 내림나단조의 조성이기에 슬프고 애닳은 느낌이다.

슈베르트의 아베 마리아는 그가 불치병과의 싸움에 지친 나머지 종교에 의지하고자 하던 시기에 작곡되었다. 그래서인지 하프를 본뜬 피아노의 반주가 시종 연주되는 가운데 조용하고도 경건한 기도의 노래가 맑은 선율로 진행된다. 이 곡은 오늘날 슈베르트의 가곡 중에서 가장 인기 있는 곡이다.

유튜브에서 각 작곡가별, 가수별 아베 마리아를 감상해 보시기 바란다.

4 그러나 마리아는 예전부터 천사들의 용모를 잘 알고 있었고, 하늘에서 내려오는 그런 광채가 드문 것으로 보이지도 않았다.

5 그래서 천사를 보고도 겁내지 않았고, 엄청난 광채에도 놀라지 않았다. 다만 천사의 말에 대해서만 걱정이 되었다.

6 그리고 너무나도 특이한 그 인사말이 무슨 의미인지, 무엇의 전조인지, 또는 그 결과가 어떻게 될는지에 대해 곰곰이 생각하기 시작하였다.

♣ 천사의 수태고지를 듣고, 거부하는 듯한 손짓과
몸짓, 굳은 얼굴표정에서 마리아의 당황스러움과
불쾌함이 드러난다. 부분도
The Cestello Annunciation, Sandro Botticelli

7 이러한 생각에 대해서 신의 영감을 받은 천사가 대답하였다.

8 마리아시여! 저의 이 인사말에서 당신의 순결과 상충되는 어떤 것을 의도한 것2)처럼 두려워하지 마십시오.

9 당신은 동정을 택하였기 때문에 하나님의 은총을 입으셨습니다.

---

2) 남자와 성관계하여 아들을 낳을 것이라고 의도한 것.

♣ 가브리엘 천사의 방문
Donatello 작, 1435년경
Cavalcanti chapel, Santa Croce, Florence, Italy

10 그러므로 당신은 동정녀의 몸으로, 죄 없이 잉태하여 아들을 낳을 것입니다.

11 그는 바다에서 바다까지, 강에서 땅 끝까지 다스릴 것이므로, 위대하게 될 것입니다.

12 그는 가장 높으신 분의 아들이라고 일컬어질 것입니다. 이는 지상에서는 비천한 신분으로 태어나지만 천국에서는 높은 신분으로 다스리실 것이기 때문입니다.

♣ 수태고지(受胎告知)하고 있는 천사 가브리엘
Giotto di Bondone 작, 1306년
아레나 예배당(Arena Chapel) 프레스코 화, Padova, Italy

13 하나님께서 그에게 그의 조상 다윗의 옥좌[3]를 주실 것이니, 그는 야곱의 가문을 영원히 다스릴 것이며, 그의 왕국은 끝이 없을 것입니다.

14 그는 왕 중의 왕[4]이시고, 군주 중의 군주이시며, 그의 옥좌는 영원무궁하시기 때문입니다.

---

3) 다윗은 여호와 신이 기름을 부은 자, 즉 이스라엘 민족의 메시아(Messiah; Christ/ 그리스도(Gk.; 이스라엘 민족이 고대하는 위대한 민족 지도자, 정치적 왕)였다.

그러므로 다윗의 옥좌는 다윗의 대를 이은 메시아, 즉 이스라엘 민족을 외세에서 해방시켜 줄 위대한 정치 지도자나 왕을 가리킨다.

4) 왕 중 왕(King of Kings)은 제왕, 황제와 같은 뜻.

이스라엘인들이 보는 예수: 예수는 다윗의 후손이 아니다

≪성서의 뿌리(신약), pp164-170, 248-254에서 발췌≫

신약은 예수를 다윗의 후손으로 만들기 위해 두 가지 방법을 썼다. 하나는 구약을 표절 해다가 신약 복음서에서 변조 조작하는 것이었으며, 다른 하나는 족보를 조작하는 일이었다.

[원 문] ✡ 내가 내 종 다윗을 찾아 나의 거룩한 기름을 부었도다.

[시편 89:20]

[변 조] † … 내가 이새의 아들 다윗을 만나니 … 여호와께서 약속하신대로 이 사람의 씨에서 이스라엘을 위하여 구세주를 세우셨으니 곧 예수라.

[사도행전 22-23]

위의 두 성서 문장들을 비교해보면, 구약에서 여호와 신은 분명히 메시아 (Messiah; '기름부음을 받은 자'라는 뜻; Christ; 구세주)는 다윗이라 하였다.

그런데 신약에서는 구약의 '다윗'을 가져다 '다윗의 씨'라고 변조 조작하고서는, 그 씨가 바로 예수라고 기만하고 있다.

그렇지만 문제는 예수는 결코 '다윗의 씨'가 될 수 없다는 사실이다. 예수의 어머니 마리아가 요셉과 성 접촉 없이 성령만으로 잉태하여 태어난 처녀생식이었다고 하지 않았는가?

예수에게는 다윗과 그 후손인 목수 요셉의 피가 단 한 방울도 섞이지 않았으며, DNA 한 개도 유전된 바 없기 때문이다.

이처럼 메시아(Messiah; Christ/그리스도)는 부계혈통 상 다윗왕의 직계여야 하는데, 예수는 혈통으로도 다윗 자손이 아니다. 이스라엘 민족종교 유대교에서는 지금도 예수를 메시아로 인정하지 않으며 메시아를 사칭한 파렴치한이자, 신을 자칭하여 민족신 여호와를 모독한 신성모독 범죄자일 뿐이다. 이스라엘인들에게 예수의 존재는 전혀 중요하지도 않으며 필요하지도 않다.

이스라엘인들은 요셉의 친자식인 야고보를 다윗 왕의 진정한 혈통으로 보고 있다. 이스라엘에서 예수가 아닌, 다윗의 진짜 후손이며 예수와는 아버지가 다른 동생인 야고보가 적법한 왕(메시아; 그리스도)인 것이다.

왕 중 왕(the King of Kings):
페르시아 제왕의 칭호를 기독교에서 예수를 칭하는 말로 차용

≪성서의 뿌리: 오리엔트 문명과 구약성서, 제16장에서 발췌≫

왕 중 왕(King of Kings)은 여러 왕 중에서 가장 위대한 왕이라는 뜻으로, 제왕(帝王)이라고도 한다. 중국 진시황이 창제한 황제라는 칭호와 거의 같은 의미이다.

왕 중 왕은 본래 고대 바빌로니아나 페르시아 등 근동 여러 나라에서 위대한 군주, 명군의 칭호로 쓰였다.

'왕 중 왕'이란 칭호를 최초로 도입한 왕은 아시리아 제국의 투쿨티 니누르타(Tukulti-Ninurta I, r. 1233-1197 BCE)이었으며, 에사르하돈(Esarhaddon) 왕, 아슈르바니팔(Ashurbanipal) 왕, 특히 페르시아 아케메네스 왕조의 관대한 정복군주들인 키루스[고레스] 대제, 다리우스 대제, 크세르크세스[아하수에로] 대제의 칭호로 쓰였다.

페르시아의 키루스[바사의 고레스] 대왕은 성서에서 여호와 신이 그리스도(Christ; Messiah/메시아)라 칭송하는 이스라엘 민족의 은인이다. 그는 이스라엘 민족을 바빌로니아에서 해방시켜주었을 뿐만 아니라, 당시에는 이미 사라져버린 여호와 신앙을 부활시켜주고 예루살렘에 여호와 신전을 세워주어 여호와 신은 그를 메시아[그리스도]라고 성서에서 극찬 칭송하고 있다.

✝ 나 여호와는 나의 기름 받은 고레스의 오른 손을 잡고 … 고레스에게 이르기를 … 너를 지명하여 부른 자가 나 여호와 이스라엘의 하나님인줄 알게 하리라.　　　　　　　　　　　　　　　　　　　　　[이사야 45:1~3]

다리우스 대제의 칭호에서 '왕 중 왕(King of Kings)'이라는 칭호를 볼 수 있다.

다리우스 대제에게 붙여진 모든 칭호는 대왕, 왕 중 왕, 파르스의 왕, 제국의 왕, 히스타스페스의 아들, 아르사메스의 손자, 아케메네스 왕(Great King, King of Kings, King in Fārs, King of the Countries, Hystaspes' son, Arsames' grandson, an Achaemenid)이다.

♣ 다리우스 1세

'왕 중 왕'이란 칭호가 오늘날에는 어떤 분야에서 일인자들 가운데서 제일인자, 또는 우승자 가운데 최우승자를 이르는 말로도 쓰이게 되었다.

구약성서에서는 '왕 중 왕'이 바빌로니아와 페르시아의 지배자들을 가리키는 칭호였다. 예를 들어, 다리우스 대제에게 붙여진 많은 칭호들 가운데서 '왕 중 왕(King of Kings; Shahanshah/샤한샤)'이라는 칭호를 볼 수 있다.

이 '왕 중 왕'이라는 조로아스터교를 숭상하던 페르시아 제왕의 칭호를 그로부터 바빌로니아 포로기에 배워 와 약 5세기가 지난 뒤, 기독교 신약에서도 '왕 중 왕'이란 호칭을 예수를 일컫는 말로 쓰기 시작하였다. 모방도 제2의 창조라 하므로 부끄러워할 필요는 없을 것이다.

신약성서에는 예수를 "왕 중 왕이요, 주의 주(the Lord of Lords)"라고 부르는 말이 세 차례 나온다.

✝ ··· 하나님은 복되시고 유일하신 주권자이시며 만왕의 왕이시며 만주의 주시오.   [디모데전서 6:15]

··· He who is the blessed and only Sovereign, the King of kings and Lord of lords.   [First Epistle to Timothy 6:15]

✝ ··· 어린 양은 만주의 주시요 만왕의 왕이시므로 ···   [요한계시록 17:14]

··· because He is Lord of lords and King of kings, ···

[Book of Revelation 17:14]

✝ ··· 그 옷과 그 다리에 이름을 쓴 것이 있으니 만왕의 왕이요 만주의 주라 하였더라.   [요한계시록 19:16]

··· And on His robe and on His thigh He has a name written, "KING OF KINGS, AND LORD OF LORDS."   [Book of Revelation 19:16]

♣ 예수의 일대기를 그린
영화 왕 중 왕 포스터

15 천사의 이와 같은 말에 대해, 동정녀 마리아는 믿어지지 않는 듯 아무 대답도 하지 않았다.

그러나 어떻게 그러한 일이 일어날 수 있는지 기꺼이 알고자 하였다.

16 마리아가 물었다.

"어떻게 그런 일이 가능한가요? 제가 동정을 맹세한 대로, 저는 남자를 전혀 안 적이 없는데[5] 어떻게 남자의 씨를 받지 않고 아이를 임신할 수 있나요?"

---

5) 성적 접촉을 한 적이 없는데.

성적 접촉을 히브리어에서 동사 '야다yada'에는 '알다know'라는 뜻과 '성교하다have sexual intercourse'라는 뜻의 두 가지 뜻이 있다. 유화적 표현이다.≪성경 속의 성, 3장 pp42-44 참조≫

17 이에 천사가 대답하여 가로되, 마리아시여, 당신이 보통의 방식으로 잉태할 것이라 생각하지 마십시오.

18 왜냐하면 당신은 남자와 동침하지 않고도 처녀인 상태로 임신할 것이며, 처녀인 상태로 아이를 낳을 것이며, 처녀인 상태로 젖을 먹일 것이기 때문입니다.

19 왜냐하면 성령이 당신에게 내리시고 가장 높으신 분의 권능이 정욕의 열기 없이 당신을 덮을 것이기6) 때문입니다.

20 그리하여 당신에게서 태어나는 아기는 죄 없이 잉태되는 유일한 분이시기 때문에 오직 거룩하게 될 것이며, 태어나서는 하나님의 아들이라 불릴 것이기 때문입니다.

---

6) 모든 자연계 동물들의 법칙에 따르는 유전자 전달을 통한 종의 유지 및 번식 수단으로서의 성적 욕망을 동반한 육체적 성행위 없이 당신을 임신시킬 것이기 때문.

21 그러자 마리아가 두 손을 내밀고 눈을 들어 하늘을 보며 말하였다.

"하나님의 종이 여기 있습니다. 당신의 말씀대로 모든 일이 제게 이루어지게 하소서7)!"

---

7) 그 아기가 내게서 태어나게 하소서!

제 8 장

마리아와의 결혼에 대해 번민하는 요셉

1 요셉은 약혼한 처녀 마리아와 혼인하기 위해 유다에서 갈릴리로 갔다.

2 왜냐하면 약혼한 지 3개월 가까이 되었기 때문이었다.

3 마침내 그녀가 임신한 사실이 뚜렷하게 나타났고, 요셉에게 숨길 수 없게 되었다.

4 왜냐하면 요셉이 약혼자이기 때문에 마리아에게 자유롭게 다가가고 친밀하게 이야기 할 수 있어서, 요셉은 마리아가 임신한 것을 알아챘기 때문이었다.

"마침내 그녀가 임신한 사실이 뚜렷하게 나타났고,
요셉에게 숨길 수 없게 되었다."

5 그런 까닭에 요셉은 마음이 편치 않고 의심이 일어나기 시작하였으나, 어찌해야 좋을지 몰랐다.

6 하지만 요셉은 의로운 사람이었기 때문에 마리아의 죄를 폭로하고 싶지 않았다.

또한 그는 경건한 사람이었기 때문에 마리아를 창녀라고 의심하여 수치를 안겨주고 싶지도 않았다.

7 그래서 요셉은 남들 모르게 혼인계약[1]을 파기하고, 은밀하게 마리아와 파혼할 작정이었다.

---

1) 유대인들의 결혼 과정의 첫 단계인 케투바(ketubbah), 즉 혼인계약서에 서명함으로써 맺어진 계약이다. 보통 약혼 또는 정혼이라고 번역하지만 우리말의 약혼과는 상당히 다르다.
≪고대 유대인들의 독특한 약혼식과 결혼식 관례, pp102~107 참조≫

♣ 모세의 율법에 따른 돌팔매에 의한 처형

"그 처녀를 … 그 성읍 사람들이 돌로 쳐 죽일지니 …
창기의 행동을 하여 이스라엘 중에서 악을 행하였음이라 … "

[신명기 22:21]

8 그러나 요셉이 이런 궁리를 하고 있을 때, 보라, 하나님의 천사가 꿈속에 나타나 말하였다. "다윗의 자손 요셉아, 두려워 말라."

9 동정녀 마리아가 간음죄를 저질렀다고 의심하거나 마리아를 나쁘게 생각지도 말고, 또한 마리아를 아내로 맞아들이는 것도 두려워하지 말라.

10 지금 네 마음을 괴롭히고 있는 마리아의 임신은 사람이 한 일이 아니라 성령이 한 일이기 때문이다.

11 모든 여인 가운데서 오로지 동정녀 마리아만이 하나님의 아들을 낳을 것이니, 그 이름을 예수, 즉 구세주라 하라. 왜냐하면 그가 자기 백성들을 죄에서 구원할 것이기 때문이다.

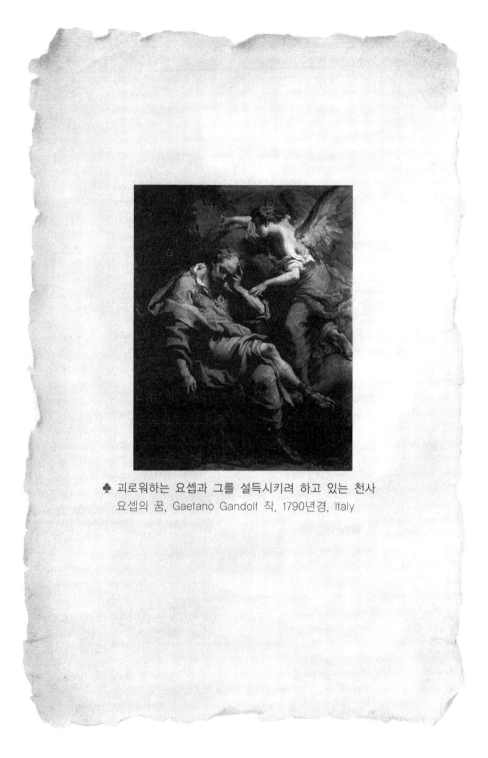

♣ 괴로워하는 요셉과 그를 설득시키려 하고 있는 천사
요셉의 꿈, Gaetano Gandolf 작, 1790년경, Italy

12 그리하여 그 후 요셉은 천사의 말에 따라 동정녀 마리아와 혼인하였다.

그러나 요셉은 마리아와 잠자리를 같이 하지 않고 마리아가 계속해서 동정을 지키게 하였다.

13 바야흐로 마리아가 임신한지 아홉 달이 가까워지자, 요셉은 필요한 모든 물건들을 챙겨 아내를 데리고 자기가 살던 도시 베들레헴으로 돌아갔다.

♣ 요셉과 성모 마리아의 결혼식 행렬

성모 마리아(원광이 있는 분) 뒤에 들러리 처녀들이
뒤따르고 있다.
마리아 바로 앞의 흰 수염이 있는 분이 요셉인데, 바로 앞에서
악사가 만돌린을 켜고 두 사람이 쇼파르를 불고 있다.
쇼파르는 뿔피리인데 여기서는 긴 나팔처럼 묘사되어 있다.

14 그리고 그들이 거기에 있는 동안 그녀의 해산시기가 다 되었다.

15 그리고 마리아는 거룩한 복음서의 저자들이 가르친 바와 같이 첫 번째 아들, 즉 우리 주 예수 그리스도를 낳으셨다.

주 예수께서는 성부와 성자와 성령과 함께 영원히 살아계시고 다스리신다.

Blessed St. Anne, Mother of Virgin Mary

♣ 성모 마리아를 낳고 키운 예수의 외할머니 안나와 그녀의 일생

제 2 부

그리스어 사본 A
Greek Mss, First Greek Form

: 성모 마리아의 숨겨진 뒷이야기(5장)

제1장 성모 마리아의 이름과 존칭

지금껏 들어 본 것 중 가장 아름다운 그 이름
마리아, 마리아, 마리아, 마리아
세상의 모든 아름다움을 한 단어로 집약한 그 이름
마리아, 마리아, 마리아, 마리아
마리아!

방금 전 마리아라는 소녀를 만났네.
그리고 그 순간부터 그 이름은
나에게
엄청난 의미가 되었네.
마리아!

방금 전 마리아라는 소녀에게 키스했네.
그리고 그 순간
그 이름이
얼마나 놀라운 이름인지 알았네.
마리아!

크게 말하면 노래하는 소리 같고
작게 말하면 기도하는 소리 같네.
마리아, 그 이름 부르는 것을 절대 멈추지 않을 거야!
지금껏 들어 본 것 중 가장 아름다운 그 이름,
마리아!

— 웨스트 사이드 스토리(West Side Story) 1막, 마리아

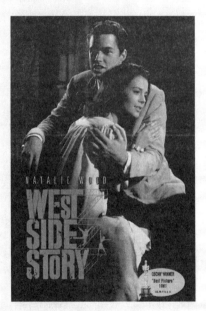

♣ West Side Story, Act I, Maria

웨스트 사이드 스토리(West Side Story)는 아서 로렌츠
(Arthur Laurents)의 책을 바탕으로 손드하임(Stephen Sondheim)이
작사하고 번스타인(Leonard Bernstein)이 작곡한 뮤지컬이다.
셰익스피어의 〈로미오와 줄리엣(Romeo and Juliet)〉을 현대적으로
각색한 것으로, 이를테면 미국판 로미오와 줄리엣이다.
토니[로미오] 역은 리처드 베이머(Richard Beymer),
마리아[줄리엣] 역은 내털리 우드(Natalie Wood), 1961년 작.
유튜브로 감상할 수 있다.

예수의 어머니 마리아는 히브리어와 아라비아어로는 마리얌Maryam 이다.

마리아가 살던 당시에 실제로 사용했던 언어인 아람어Aramaic; 셈 어족에 속하는 언어로, BCE 8세기경부터 국제 통상어 및 외교어로 고대 페르시아에서 아프가니스탄에까지 걸쳐 쓰였다. 예수님도 아람어를 썼다. 오늘날에도 시리아, 아르메니아, 메소포타미아의 일부에서 쓰임로도 마리얌이다.

마리아나 마리얌은 모두 고대 이집트어 미리암Miriam; Miryam의 변형으로 같은 어원과 의미를 지니고 있다.

이 이름들은 모세의 여동생이자 예언자인 미리암, 그리고 신약에서의 예수의 어머니 마리아 덕분에 세계에서 가장 보편적인 이름 중의 하나가 되었으며, 많은 변형들이 생겨났다.

'Miriam'은 본래 이집트어에서 기원한 이름으로, 이집트어 myr「사랑받는; beloved」 또는 mr「사랑」에 그 어원을 두고 있다. 'Miriam'은 이집트어 mry.t-jmn「Merit-Amun」; beloved of Amun, 즉 '신의 사랑을 받은 자'에서 온 것이다.

▲ 이집트 상형문자 mr(=love)와 mri.i tn(=I love you)

히브리인들은 미리암, 마리얌, 또는 마리아를 "기다리던 아이, 바라던 아이wished-for child"라는 뜻으로 해석하기도 한다.

(마리아의 부모인 요아킴과 안나가 20년간이나 불임으로 고민하며 아이 갖기를 절실하게 학수고대하던 상황을 보면 왜 이러한 이름을 지어주게 되었는지 쉽게 이해가 간다.)

‘Miriam’이란 이름의 변형에는 Maryam(그리스어, 아라비아어), Maria(라틴어, 독일어), Mira, Miri, Mimi(현대 이스라엘), Mirele(이디시어), Marie(프랑스어), 영어로는 주지하다시피 Mary이다.

또한 Mayim도 Miriam의 변형이며, Marianne이나 Marilyn과 같은 합성어도 생겨났다.

○ 성모 마리아의 호칭과 존칭

기독교에서는 마리아가 남자와 성적관계를 맺지 않고 성령聖靈; Holy Ghost; 성스러운 유령·귀신에 의해 임신하여 예수를 낳았다고 믿는다.

그리하여 마리아는 ‘동정녀童貞女’, ‘동정녀 마리아Virgin Mary’, 또는 ‘복되신 동정녀 마리아Blessed Virgin Mary’라는 호칭으로 불린다. 마태복음서와 누가복음서에서는 마리아를 동정녀그리스어로 $\pi\alpha\rho\theta\varepsilon\nu o\varsigma$: parthenos라고 부르고 있다.

‘동정녀’라는 호칭 외에도 예수를 낳은 어머니라는 뜻에서 서방교회에서는 ‘성모聖母; Holy Mother’, ‘성모 마리아Mother Mary’ 등의 호칭으로 불린다.

또한 농방교회에서는 325년 니케아 종교회의에서 투표를 통해 예수가 신으로 승격됨에 따라, 431년의 에베소 종교회의에서는 마리아를 (예수)신의 어머니로 숭배할 것을 결의하였다. 그리하여 마리아는 ‘테오토코스theotokos(Gk.); Dei genetrix(L.); ‘신을 낳은 자’, ‘신의 어머니’라는 뜻’라고 불리게 되었다.

그 외에 파나기아Panagia; 「pan- + hagios」; the All-Holy; ‘전적으로 성스러운 여자’라는 뜻, 메터 테우Meter Theou; Mother of God; ‘신의 어머니’라는 뜻 등으로도 불렸다.

성모 마리아의 숭배는 기사도騎士道; chivalry의 융성과 궤를 같이 하였다.

여성에 대한 보호와 존중, 신과 교회에 대한 숭배 등에 대한 기사도 정신의 확산과 더불어, 본래 영주의 부인이나 귀족부인을 칭하던 lady귀부인; 마님에서 성모 마리아에 대한 존칭 'Our Lady우리들의 귀부인'이라는 뜻으로 '성모 마리아'를 뜻함' 가 파생되었다.

프랑스어 Notre Dame노트르담; Our Lady, 이탈리아어 Madonna마돈나, 스페인어 Nuestra Senora누에스트라 세뇨라, 독일어 Unsere Liebe Frau 운저레 리베 프라우 등도 모두 같은 뜻이다.(유럽이나 아메리카에서 총리나 대통령의 처를 First Lady라 부르는 것도 같은 연장선상에 있다.)

이탈리아어 'Madonna는 'mia donna'의 줄임말로 '나의 귀부인'이라는 뜻이다. 본래는 귀부인에 대한 존칭이었으나 지금은 성모 마리아에 대한 존칭으로 쓰인다.

기도할 때와 같이, 성모 마리아를 부를 때는 반드시 정관사 'la'를 붙여 'la Madonna'라고 한다.

◀ 귀부인이 기사에게 투구를 씌워주고 있다

14C 유럽에서는 11세기에 기사도(騎士道)가 일어나 12~15세기에 걸쳐 융성하였다.
기사도는 중세유럽 봉건제도의 꽃으로 불린 기사들 사이에서 성립된 규범의식과 행동양식의 이상형이다. 서양 신사도의 출발점.

예수의 어머니 성모 마리아는 '뚱뚱한' 몸매였다고?

예수의 어머니 마리아는 아라비아어와 히브리어로 마리얌(Maryam)이라 불린다. 나중에 히브리어로는 미리암(Miriam; Miryam)으로도 불리게 된다. 그리스어와 라틴어로는 마리암(Mariam)을 줄여 마리아(Maria)로 나타냈다.

마리아는 기독교 신약성서에서보다 이슬람 성경《꾸란(Qur'an/꾸르안; Koran/코란은 틀린 표현)》에서 훨씬 더 지극한 존중을 받는다. 《꾸란》에서 마리아는 크게 존숭 받는 인물이다. 《꾸란》에서 마리아 이외의 여성은 이름으로 불리지 않고, 유부녀일 경우 누구의 아내로 불린다. 《꾸란》에서 유일하게 이름으로 불리는 여성이 바로 마리아다.

《신약성서》에서는 단지 몇 군데서 간단히 언급되고 있는 반면, 이슬람교에서는 《꾸란》의 한 장 전체를 예수의 어머니 마리아에게 할애하여 찬양하고 있다. 바로 《제19장 마리얌Surah/수라(장/章) 19 Maryam》, 즉 일명 '마리아 장(章)'이다.

기독교에서는 예수의 어머니임에도 불구하고 4세기경 마리아에 관한 기록을 완전히 삭제시켜 버렸다. 결과적으로, 신약성서에서 어디에서도 알 길이 없는 마리아의 탄생비화, 마리아의 어린 시절, 그리고 성장과정에 대한 이야기는 물론 예수의 출생과 어린 시절의 비화(秘話)도 여기에 나온다.

그런데 당시의 셈족 언어로 Maryam은 '뚱뚱한 여자', 즉 미인을 의미하는 단어였다. 식량사정이 좋지 못했던 옛날에는 뚱뚱한 여성이 아름다운 여성이자 부유한 여성으로 여겨지던 곳이 전 세계적으로 많았다.

그러므로 예수의 어머니 마리아는 오늘날 우리 눈에 익숙한 성모상처럼 날씬한 몸매가 아니라, 그 이름이 말하여주듯이 뚱뚱한 몸매를 가졌었음을 미루어 짐작해 볼 수 있다.

중세에는 마리아라는 이름을 마돈나(Madonna/영어발음으로는 '머다너'; My Lady)라고 불렀다. 오늘날에는 보통 영어로 메리(Mary)라 한다.

◀ 뚱뚱한 성모 마리아 상
페르난도 보테로(Fernando Botero) 작, 콜롬비아 소재를 부풀려 풍만하게 독특한 양감을 표현하는 것이 그의 작품의 특징이다.

제2장 성모 마리아의 아버지와 어머니

신약 4복음서에서는 완전히 삭제되어 있지만, 2세기 초 이전에 기록된 《마리아 탄생 복음서》, 《의사 마태 복음서》, 《야고보의 원복음서》등의 기독교 초기의 문헌에는 예수님의 외할아버지와 외할머니, 즉 성모 마리아의 아버지는 요아킴Joachim이고, 어머니는 안나Anna라고 나와 있다.

안나Anna: Anne/앤라는 이름은 히브리식 이름인 한나Hanna/한나; 은총(grace)이라는 뜻를 그리스어로 음역한 것이다.

안나는 신약성서 4복음서에서는 4세기에 예수의 신성을 강조하고 예수의 인성을 드러내는 내용을 삭제하는 성서 편집과정에서 삭제되었다. 신약 복음서의 어디에서도 마리아의 어머니이자 예수의 외할머니인 안나의 이름을 찾아볼 수 없는 이유이다.

예수님의 외할머니 안나는 BCE 50년경 베들레헴에서 태어나 CE 12년에 62세로 사망한 것으로 알려져 있다.

◀ 예수의 외할머니 안나
이집트 콥트교회 벽화, 8세기
바르샤바 국립박물관 소장

예수님의 외할아버지 요아킴은 BCE 50년경 나사렛 태생으로 CE 15년 예루살렘에서 65세로 사망하였다고 한다.

요아킴은 예루살렘의 유대교 성전여호와 신전에서 번제로 올리는 희생의식용 양을 공급하는 목양업자였다. 그는 부유한 사람이었는데, 빈민구제에 많은 재산을 베풀어 이스라엘에서 존경받는 인물이었다고 한다.

요아킴의 아내 안나는 20살에 요아킴과 결혼하여 부유하고 경건한 삶을 살았지만, 자녀가 없는 것을 한탄하였다고 한다. 이스라엘에서는 자식이 없는 사람은 신의 저주를 받은 탓으로 여겨지고 있었기 때문이었다.

그러다가 안나는 매우 늦은 나이인 40살이 되어서야 마리아를 낳게 되었다.

○ 안나는 유목민 아카르의 딸이라는 설

전승에 의하면 안나는 나사렛 태생으로, 유목민 아카르Akar의 딸이라고도 한다.

그러나 아카르에 대한 기록은 기독교 패권파가 4복음서 이외의 대다수의 복음서들을 모조리 불태워버린 결과, 편린으로 발견될 뿐 현재 구체적인 사료는 찾아볼 수 없는 상태이다.

◀ 4복음서 이외의 복음서를 불태움
기독교 교권 권력자들이 로마황제의 노선에 맞는 일부 복음서만을 기독교 정경으로 채택하고, 대다수의 다른 복음서들은 모조리 불태워 없애버리고 그 소지자들도 화형에 처하였다.
4복음서 이외의 복음서를 불태우고 있는 기독교 권력자들의 광기가 섬뜩하게 느껴진다.

○ 예수님의 외가집, 또는 마리아의 친정집

예수님이 외가에 들른 적이 있다는 전승이 있다. 전승은 예수님의 외할아버지와 외할머니 요아킴Joachim과 안나Anna에 관한 기록은 물론, 어머니 마리아의 어린 시절에 관한 귀중한 정보도 전해주고 있다.

경건한 기록들은 마리아의 부모 요아킴과 안나가 갈릴리의 세포리스 Sepphoris; 갈릴리 속주의 주도에서 살 때 성모 마리아를 낳았다고 하는데, 거기에서 집터가 발굴되었다.

양치기 연못이라고 알려진 장소가 마리아 부모님의 집이었을 것으로 생각되었다. 5세기에 그 곳에 성 안나 교회가 세워졌다.

어떤 기록에서는 마리아의 부모가 결혼 후, 예루살렘의 양문羊門; the Sheep Gate 근처에서 살았으며 거기서 성모 마리아가 탄생하였다고 한다.

▲ 성 안나 교회 밑의 지하실
  성모 마리아의 탄생지로 알려져 있다. 동정녀 마리아를
  상징하는 흰 백합꽃이 바쳐져 있다.

♣ 성 안나가 신의 어머니(Theotokos) 마리아를 안고 있으며,
성모 마리아는 아기 예수를 안고 있다.

원쪽의 모발과 수염이 흰 남자는 마리아의 남편 요셉,
오른 쪽은 마리아의 아버지 요아킴이다. 요셉을 그의 장인
요아킴보다 의도적인 듯 더 노인으로 묘사하고 있는 점에서,
초기 기독교의 처녀수태 딜레마가 읽혀진다.
Kykkos Monastery, Cyprus

○ 세 번 결혼한 예수의 외할머니 안나

예수의 외할머니 안나는 세 번 결혼trinubium/트리누비움; 거룩한 세 번의 결혼이란 뜻하였다고 한다. 첫 번째 남편은 요아킴, 두 번째와 세 번째 남편은 요아킴의 동생들인 글로바Cleophas; 클로파스와 살로마스Salomas 였다.

안나는 요아킴이 죽고 나서 유대인들의 '형사취수혼兄死取嫂婚; 역연혼/逆緣婚; 형이 아들 없이 죽으면 시동생이 형수와 잠자리를 같이하여 아이를 낳게 해주는 관습 풍습에 따라 요아킴의 동생인 글로바와 결혼하였다.

그 후 글로바가 죽자, 안나는 요아킴의 또 다른 동생인 살로마스와 마지막 세 번째로 결혼하였다.

안나는 세 남편과의 사이에서 모두 딸 한 명씩을 낳았다고 한다. 첫 남편 요아킴과의 사이에서는 예수 그리스도의 어머니인 성모 마리아, 글로바와의 사이에서는 마리아 글로바, 살로마스와의 사이에서는 마리아 살로메를 낳은 것으로 알려져 있다.

안나 – 첫번째 남편 요아킴 ————— 성모 마리아
    – 두 번째 남편 글로바 ————— 마리아 글로바
    – 세 번째 남편 살로마스 ————— 마리아 살로메

안나가 맨 처음 요아킴과 결혼하여 불임으로 괴로워하다가 기적적으로 임신하여 낳은 딸이 바로 마리아다.

안나와 글로바 사이에서도 딸을 낳았는데 성모 마리아와 구별하기 위해 마리아 글로바라고 불렀다.

♣ 성 가족과 친족들

아기 예수를 안고 있는 성 안나의 뒤에 서있는 3사람은
안나의 3남편인 요아킴, 글로바, 살로마스이다.
성모 마리아의 어깨에 손을 얹고 있는 남자는 요셉.
Hans Döring 작, 1515년경

♣ 성 가족과 성 친족(The Holy Family and Holy Kinship), 작자미상

❶ 뒷줄 중앙의 흰 베일을 쓴 안나와 마주하고 있는 사람이 안나의 첫 남편 요아킴, 요아킴의 등 뒤의 사람은 두 번째 남편 글로바, 안나의 등 뒤에 있는 사람은 세 번째 남편 살로마스이다.

❷ 요아킴과 안나 바로 앞에는 마리아(푸른 옷), 예수, 요셉의 성가족이 있다. 다른 여자들과 달리, 마리아가 머리를 드러낸 것은 처녀성을 상징한다.

❸ 성모 마리아 왼쪽에는 안나의 둘째 딸 마리아 글로바와 그녀의 가족이 있다. 마리아 글로바가 젖을 먹이는 아기는 정의로운 요셉(Joseph the Just)이며, 그녀의 앞에는 두 아들 열심당원 시몬과 소야고보(James the Lesser)가 앉아있다. 시몬은 잉크병을 들고 구술하고 있으며 야고보가 두루마리에 기록하고 있는 것으로 보인다.
마리아 글로바 왼쪽의 수염이 없는 남자는 그녀의 남편 알패오(Alphaeus)인데, 네 번째 아들 유다 다대오(Judas Thaddeus)를 안고 있다.

❹ 맨 왼쪽에 있는 사람은 엘리우드(Eliud)의 아들이자 안나의 여동생 에스메리아의 손자인 에뮤(Emyu)인데, 글로바와 이야기하고 있다. 그의 앞에는 아내 메멜리아(Memelia)가 있다. 그녀 옆에는 주황색 튜닉을 입은 아들 세르바티우스(Servatius)주교가 있다.

❺ 성모 마리아 오른쪽의 아이를 안고 있는 여인은 안나의 셋째 딸 마리아 살로메이다. 그녀의 옆에는 남편 세베대(Zebedee)가 안경을 들고 읽고 있다. 마리아 살로메는 두 아들 사도 야고보와 요한을 안고 있다.

❻ 맨 오른쪽에는 사가랴(Zacharias; Zechariah)가 살로마스에게 두루마리를 보이고 있다. 사가랴는 안나의 여동생 에스메리아(Esmeria)의 딸 엘리사벳(Elizabeth)의 남편이다. 사가랴 등 뒤의 흰 베일을 쓴 여자가 엘리사벳으로, 성모 마리아의 이종사촌이다. 엘리사벳의 앞에는 그녀의 아들 세례자 요한(John the Baptist)이 주황색 모자와 옷을 입고 있다.

역연혼(逆緣婚; levirate; 형사취수혼/兄死取嫂婚)

고대 히브리 부족에는 형제가 아들이 없이 죽으면 그의 친형제나 가까운 친척이 그 과부와 잠자리를 같이하여 임신시켜 아들을 낳게 함으로써 죽은 형제의 대를 잇게 해주는 역연혼(逆緣婚)이라 하는 특이한 관습이 있었다.

히브리 부족의 역연혼은 근동지방을 지배하고 있던 메소포타미아의 법사상과는 상충되는 것으로, 심각한 근친상간으로 여겨지기도 하였다.

이 역연혼은 영어로는 levirate marriage로 나타내는데, 이는 시동생 등 남편의 형제를 의미하는 라틴어 levir-(brother-in-law)에서 온 것이다.

역연혼은 수혼(嫂婚; brother-in-law marriage; 형이 아들 없이 죽으면 시동생이 형수와 잠자리를 같이하여 아이를 낳게 해주는 관습), 또는 계대혼(繼代婚; 대를 잇게 해주기 위해 잠자리를 하여 아이를 낳게 해주는 관습), 형사취수혼(兄死取嫂婚; 형이 죽은 후 시동생이 형수를 취하여 아이를 낳게 해주는 관습) 등 여러 가지로 불렸지만 사실상 모두 같은 말이다.

히브리인들은 가문을 잇는 것을 중요시하였는데, 히브리인들은 '가문을 잇는다'는 말을 '이름을 지속한다'는 말로 표현하였다. 그것은 히브리인들은 대를 잇는 아들이 있어 한 가문의 이름이 불려지는 한 그 가문은 계속해서 존재하는 것이라고 믿었기 때문이었다.

역연혼은 장남의 대가 끊기지 않도록 함으로써 장자권과 가문의 재산을 장남과 장손에게 대대로 승계 되도록 지켜주는 기능도 있었다.

형이 아들을 낳지 못하고 사망한 경우, 역연혼을 통하여 과부가 된 여인은 죽은 남편의 형제 중 가장 나이가 많은 시동생과 성관계를 갖는다. 이렇게 하여 형수가 낳은 첫 아들은 죽은 형의 아들로 인정되어 대를 잇는다.

이것은 일종의 사후양자제도(postmortem adoption)로 볼 수 있으며, 아이의 생물학적 아버지인 시동생은 대리부(代理父; surrogate father)로서 아버지의 권리를 전혀 행사할 수 없다.

시동생은 이 역연혼의 의무를 거부할 수도 있었다. 이 경우 장로들의 타이름이 있게 되며 그래도 응하지 않으면, 형수는 시동생의 얼굴에 침을 뱉고 욕을 할 수 있는 권리까지도 주어졌었다.

○ 성모 마리아의 외할머니, 또는 예수님의 외증조할머니

역사저널에 실린 14세기 피렌체 필사본에 따르면, 성모 마리아의 외할머니이자 예수의 외증조할머니는 이스메리아Ismeria라는 여성이었다고 한다.

이스메리아는 유대 사람들과 다윗 왕 지파의 나본Nabon의 딸이었다고 한다.

그녀는 '하나님의 백성의 가부장'으로 묘사된 '산토 리세오Santo Liseo'와 결혼하여 안나와 에스메리아Esmeria라는 두 딸을 두었다고 한다.

안나는 요아킴과 결혼하여 성모 마리아을 낳았으며, 에스메리아는 '?'와 결혼하여 세례자 요한의 어머니인 엘리사벳을 낳았다.

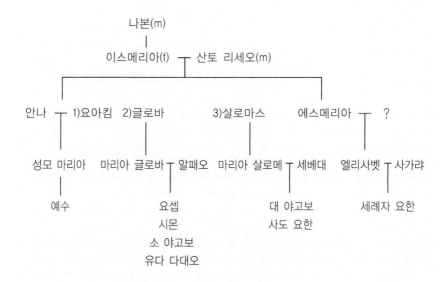

○ 불임여성들과 미혼여성들의 수호성인 성 안나

성 안나는 오랫동안 불임을 겪다가 마침내 임신에 성공한 을 기적의 산 증인으로서, 세계 곳곳에서 임신의 기적을 일으켜 자녀가 없는 부부들에게 출산의 기쁨을 안겨주고 있다.

오늘날에도 특히 유럽과 미주지역에서는 성 안나에게 아이를 갖게 해달라고 간구하는 불임부부들의 기도가 끊이지 않고 있다.

성 안나에게는 신랑들이 넘쳐나는 전승 때문이었는지, 성 안나는 또한 미혼여성들의 수호성인이다.

신랑감을 찾는 미혼여성들이 성 안나에게 간절히 호소하면 반드시 기도의 응답을 얻는다고 한다.

오늘날에도 유럽 국가에서는 신랑을 찾는 미혼여성들이 성 안나에게 다음과 같이 기도한다고 한다.

"성모님 안나에게 간구합니다! 저에게 좋은 신랑감을 보내주세요!" 또는 "성 안나시여! 성 안나시여! 저에게 좋은 신랑감을 찾아주소서!, 저에게 좋은 신랑감을 데려다 주소서!"

호박꽃도 농부들이 성 안나에게 기도하면, 크고 잘 생긴 결실이 있다고 한다.

불임여성들과 미혼여성들의 수호성인 성 안나는 우리나라로 치면, 삼신할머니와 월하노인을 합친 것과 같다 하겠다.

우리나라 전래신앙에서 삼신할머니는 아기를 점지하고 산육을 관장한다는 신이며, 월하노인月下老人; 월하빙인/月下氷人은 달빛 아래에서 책혼인부/婚姻簿을 펴고 혼인을 관장한다는 신이다. 오늘날에는 중매하는 사람을 이르는 표현으로도 쓰인다.

○ 이슬람 성서 꾸란에도 나오는 안나

안나 아라비아어로는 한나/Hannah 는 이슬람에서 성모 마리아의 어머니로
서 크게 존경 받고 있다.

꾸란에서는 그녀가 노년이 되기까지도 자식이 없었다고 설명하고 있
다.

어느 날 한나가 나무그늘에 앉아있을 때였다. 그녀는 새가 새끼에게
먹이를 주는 것을 보는 순간, 자신의 아이를 갖고 싶은 모성본능이 강
렬하게 일깨워짐을 느꼈다.

그리하여 그녀는 아이를 얻기 위해 간절하게 기도하여 결국 임신하
게 되었다.

한나는 아들을 낳아 하나님께 바치고자 하였으나 하나님은 그녀에게
아들 대신 딸을 주었다. 그러나 그 딸은 바로 여성들 가운데서 선택 받
아 예수를 낳게 되는 마리아였다.

[꾸란 3:36~37]

제 3 장

자비로우시고 자애로우신
하나님의 이름으로

36. 그녀가 분만을 하고서 말하길 주여 저는 여자 아이를 분만하였나이다 하나님은 그녀가 분만한 것을 잘 아시도다 남자가 여자와 같지 아니하니 그녀의 이름을 마리아[1]라 하였나이다 그녀와 그녀의 자손을 사탄으로부터 보호할 것을 명령하였노라[2]

37. 주님께서 그녀를 가까이 수락하사 그녀가 순결하고 아름답게 성장하도록 사가라[1]로 하여금 돌보도록 하셨노라 그가 그녀[2]의 요람에 들어갔을 때마다 그녀에게 먹을 양식[3]이 있음을 발견하고서 말하길 마리아여 이것이 어디서 왔느뇨 라고 하니 그녀가 말하길 하나님으로부터 온 것입니다 하나님은 그분이 원하는 자에게 풍성한 양식을 주옵니다 라고 말하더라

36-1) 「마리아」의 언어적 의미는 주님께 헌신하는 여종이란 뜻이다(사프와트 타피씨르 제2권)
  2) 「마리아」의 어머니는 남자 아이를 기대했었다. 그러나 그녀는 여자 아이라 해서 실망하지는 아니했다. 그녀의 딸 「마리아」가 하나님의 뜻으로 동정녀 몸에서 「예수」 아기를 탄생하여 하나님께 헌신하리라는 것을 알고 있었기 때문이다. 그래서 어머니는 「마리아」를 모든 악으로부터 보호하여 줄 것을 주님께 구원하였다.

37-1) 자카리야
  2) 마리아
  3) 「마리아」는 하나님의 특별한 보호속에서 성장하여 갔다. 그녀를 위해 하나님은 물질적 양식은 물론 정신적 양식까지 보내셨다. 그녀의 곁에는 항상 겨울철에도 여름 과일을, 여름철에도 겨울 과일이 있었다고 전하고 있다.
  「무자히드」는 "이렇게 하여 「마리아」는 순결하고 아름답게 성장 되었다"라고 말하고 있으며 또한, 기독교인들이 말하길, 「마리아」는 12살 때까지 성전에서 양육되었는데 그것은 마치 한 마리의 비둘기 같았다라고 말하고, 또 천사들이 그녀를 양육했다고 하였다.

제3장 성모 마리아의 정체

마리아는 신약성서에서 예수의 어머니로 등장하는 갈릴리 나사렛 출신의 유대인 여성이다.

기독교에서는 그녀의 아들 예수를 여호와 신이 하늘에서 인간세상으로 내려와 인류를 구원하기 위하여 마리아를 통하여 인간의 몸을 입고 탄생한 구세주메시아/Messiah; 그리스도라고 믿고 있다.

신약 4복음서에서 마리아에 관한 기술의 방향은 예수를 그리스도로 나타내는데 필요한 디딤돌로서의 역할이다.

수태고지受胎告知: 성모영보/聖母領報; Annunciation: 여호와 신의 사자인 대천사 가브리엘이 처녀 마리아에게 예수 메시아의 임신을 알림, 엘리사벳 방문, 예수 탄생, 유대교 성전에서 랍비들 사이에서의 소년 예수 등 유년시대에 등장하는 것 등이다.

예수가 최초로 일으킨 기적, 즉 가나의 혼례에서 물을 포도주로 바꿀 때 입회, 예수가 십자가에 못박힐 때 곁에서 지켜보는 등, 예수의 생애에 있어서 2가지 중요한 사건에 입회하였다고만 기록하고 있다.

○ 성모 마리아는 신인가, 인간인가?

그러나 325년 니케아 종교회의에서 투표로 예수=신으로 격상되자, 예수 신을 낳은 어머니로서의 마리아의 위상 또한 중요시되었다. 이것이 기독교 신앙의 신조로 정해진 것은 로마제국이 동서로 갈라진 431년 에베소에서 소집된 공회의에서이다.

마리아는 기독교 사회에서 매우 독특하고 중요한 의미를 가지게 되었다. 즉 마리아는 교의적으로는 신이 아니지만, 실제로는 민중 속에서 예수라는 신과 위상을 거의 나란히 하는 신앙의 대상으로 자리 잡게 되었다.

그리하여 《마리아 탄생 복음서》, 《의사 마태 복음서》, 《야고보의 원음서》 등이 중요한 의미를 지니게 되었다.

또한 중세 기독교 융성기에는 이들 복음서에 수록되어 있던 마리아에 관한 기록들이 《황금전설The Golden Legend; Legenda aurea/레젠다 아우레아 or Legenda sanctorum/레젠다 쌍토룸; 황금전기; 황금 성인전》에 성모전으로 편입되어 유럽 전 지역으로 퍼져나갔다. 이 책은 중세기 유럽의 거의 모든 언어로 번역되어 크게 유명해졌다.

성모 마리아의 정체에 대한 규정은 예수의 정체에 대한 규정과 마찬가지로 아직도 진행되고 있는 기독교 교리분쟁과 종파분리의 핵심사항이어 왔다.

신학적으로 말하자면 마리아는 신이 아니라 예수 신을 낳은 인간이다. 그러므로 마리아는 테오토코스theotokos; 신을 낳은 자; 하나님의 어머니/ Mother of God 라고 한다.

이처럼 기독교 초기 신학자들은 마리아가 예수의 신성, 즉 예수=신이라는 위상을 뒷받침해주는 디딤돌 역할을 해야만 하는 절실한 필요성에서 마리아에게도 신적인 지위를 부여할 수밖에 없었다.

다시 말해, 마리아에게 신성을 부여하는 것은 타당하지도 않으며 그 자체가 목적이 아니라, 예수에게 신성을 부여하기 위하여 부득불 도입한 논리, 장치, 전제조건 내지는 부산물이었던 것이다.

교의상 예수는 인간을 구원하는 신이었지만, 마리아는 신의 어머니로서 천상계의 여주인으로서 최후의 심판에 관여하는 자비로운 보조역 구제자로 승격된 것이다.

　1854년에는 마리아의 무원죄 잉태의 교리가 인정되고, 1950년에는 예수가 죽은 지 사흘 만에 부활하여 하늘로 승천하였다는 교리가 기독교 교리가 되었듯이 그녀의 승천昇天의 교리 또한 공인되었다.

▲ 성모 승천
프레스코화, La Macarena, Seville, Spain

○ 성모 마리아에게 신성을 부여하기 위한 교리

　예수를 신으로 격상시키기 위해서는 그의 어머니 마리아가 신의 어머니로서 갖추어야 할 논리적, 교리적 조건이 필요하였다.

　그러한 절실한 필요성에서 기독교 이전의 고대 종교들에서 도입 차용 만들어 낸 기독교 교리들 중의 대표적인 것이 바로 동정녀 탄생, 테오토코스, 평생 동정성, 무염시태, 안식 또는 몽소승천 등이다.

　이와 같은 교리들을 받아들이는 기독교 교파들의 목록은 아래와 같다.

교리 / 교회공인	의미 /수용
① 동정녀 탄생 제1차 니케아 공의회(325년)	○ 마리아는 남자와의 성 접촉 없이 성령에 의하여 동정의 몸으로 예수를 잉태하여 낳았다. ○ 로마 가톨릭교회, 동방 정교회, 개신교
② 테오토코스 에페소 공의회(431년)	○ 마리아는 예수 신의 어머니이다. ○ 로마 가톨릭교회, 동방 정교회, 성공회, 루터교, 감리교 등
③ 평생 동정성 콘스탄티노폴리스 공의회(533년)	○ 마리아는 예수를 낳기 전에도, 낳은 후에도 평생을 동정녀로 살았다. ○ 로마 가톨릭교회, 동방 정교회, 일부 성공회, 일부 루터교
④ 원죄 없는 잉태(무염시태) 회칙《형언할 수 없는 하느님》 (Ineffabilis Deus, 1854년)	○ 마리아 자신도 원죄 없이 잉태되어 태어났다. ○ 로마 가톨릭교회, 일부 성공회
⑤ 성모 안식 또는 성모 승천 회칙《지극히 관대하신 하느님》 (Munificentissimus Deus, 1950년)	○ 마리아는 안식에 들었거나, 자연사 후 여호와 신의 은총으로 예수처럼 하늘로 승천하였다. ○ 동방 정교회에서는 성모 안식을, 로마 가톨릭교회에서는 성모 몽소승천 교리를 믿는다.

❶ 동정녀 탄생

마리아가 남자와의 성 접촉 없이 성령에 의해서 처녀인 상태로 예수를 잉태한 것이며 처녀인 상태로 예수를 낳았다는 기독교의 교리이다.

1 예수탄생 이전 시대에 널리 퍼져있던 처녀 수태설

사람들의 인지가 발달하지 못하고 과학문명이 미개하였던 고대에는 처녀가 남자와의 교합交合; 성교/性交; 남녀가 성기를 결합하여 육체적 관계를 맺음; sexual intercourse 없이 신과 교합하여 아이를 잉태하고 탄생시킨다는 처녀수태 탄생설화가 전 세계적으로 널리 퍼져 있었다.

동정녀 수태신화는 이집트, 그리스, 로마, 지중해지역, 소아시아, 메소포타미아, 페르시아, 인도, 중국, 남미 등지에 이르기까지 널리 퍼져 있었던 수많은 고대 신화들의 공통된 줄거리였다.

기독교 이전의 고대 신화에서는 신들, 영웅들, 위대한 제왕들이 신과 인간 처녀와의 교합을 통해 동정녀 수태로 태어났다고 하는 이야기가 헤아릴 수 없이 많이 있었다.

특히 기독교의 동정녀 수태신화는 메소포타미아, 이집트, 가나안, 시리아, 그리스 등지의 기독교 이전의 여러 선주종교들의 동정녀 수태신화가 신생종교 기독교의 동정녀 수태설로 편입되어 둔갑되었다.

이와 같이 마리아의 처녀 수태설은 전혀 새로운 것이 아니라, 이미 오래전부터 유행하고 있던 처녀 수태설을 따른 것에 불과하다.

▲ 다나에(Danae)의 처녀수태
　제우스 신은 황금빛 빗줄기의 형태로
　다나에를 맞추어 임신시킨다.
　450-425 BCE, Louvre

▲ 이시스(Isis)의 처녀수태
　이시스 여신이 깃털로 공기를 불러일
　으켜 오시리스의 정기를 받아 호루스
　를 잉태한다.

▲ 샤캬무니 붓다는 빛을 비추어
　묘음보살의 분신을 낳게 함.
　600년 후, 이 구도는 마리아 처녀수
　태에서 빛의 원천의 위치와 인물의
　배치까지 그대로 반복된다.

▲ 마리아의 처녀수태
　여호와 신이 태양빛의 형태로 마리아
　를 비추어 임신시킨다.
　Fra Angelico, 1440-5

　초기 기독교 교부들은 "기독교 이전의 신화 속 인물들이 우리 구세
주 예수 안에서 되살아났다."라고 말하였다.

　이 말은 초기 기독교 교부들이 예수의 동정녀 탄생 이야기가 옛 신
화에서 모방한 사실을 잘 인식하고 있었음을 드러내고 있는 것이다.

▲ 조로아스터교의 처녀수태
　신의 명령으로 새가 아기를 동정녀의
태속으로 날라다 주어 임신케 한다.
이 구도가 오른쪽의 기독교의 마리아
처녀수태에서 그대로 반복된다.

▲ 기독교의 처녀수태
　신의 명령으로 비둘기가 아기를 동정
녀의 태속으로 날라다 주어 임신케
한다. 비둘기(성령)이 빛의 형태로 태
속으로 들어가고 있다.
　이처럼 기독교 처녀수태는 조로아스
터교 처녀수태의 번안이다.

▲ 이집트 고대종교의 처녀수태
　새가 아기를 동정녀의 태속으로 날라
다 주어 임신케 한다.

▲ 황새가 아이를 가져다준다는 민담
　과거 서양에서는 아이들이 아기가 어
떻게 생기느냐고 물으면, 부모들은
황새가 아기를 가져다준다고 하였다.

고대에는 소위 동정녀에게서 탄생하는 것이 영웅이나 위대한 인물이 되기 위해 갖추어야 하는 전제조건들 중의 하나였다. 영웅이나 구세주는 수태방법도 평범한 사람들과 달라야 했던 것이다.

신격화된 숭배의 대상은 모두가 동정녀에게서 태어나야 하였고, 그래야만 어느 정도의 설득력을 얻을 수 있었다.

이렇게 태어난 반신—반인의 아이는 영웅, 즉 세상을 구원하는 메시아로 각색되고 신격화된다. 위대한 영웅, 즉 기적을 행하는 사람은 모두 신의 아들로 받아들여졌다.

평범한 아버지를 둔 사람이 일약 출세하여 영웅이나 제왕이 된 경우에는, 후세에 그 아버지는 축소되거나 삭제되고 그 영웅은 아버지 신과 인간 어머니 사이에서 태어난 것으로 각색된다. 아버지가 영웅이나 제왕이 아닌 바에야 평범한 아버지라는 존재는 영웅이나 위대한 인물을 부각시키는 데 오히려 불리한 장애요인일 뿐이기 때문이다.

예수의 동정녀 출산도 마찬가지이다. 시시한 목수의 양아들은 말할 것도 없고, 이름 없는 병사의 아들이나 사생아라고 알려지는 것보다는 차라리 아버지가 없어 신의 아들이라고 이야기하는 편이 기독교 교세 확장에 유리하다고 마태는 판단하였던 것이다.

2 신의 아이를 낳는 성스러운 동정녀라 불린 신전 여사제

히브리 지역에서 처녀가 신의 아이를 잉태하여 출산한다는 관념의 기원은 바빌로니아의 이쉬타르 신전 여사제로 거슬러 올라간다.

이쉬타르 여신은 본래 수메르의 풍요와 다산의 여신인 이난나Inanna가 그 원형인데, 그녀는 가나안에서는 아쉐라Asherah, 페니키아에서는 아스타르테Astarte; Ashtoreth/아스다롯 등으로 불렸다.

당시 이쉬타르 신전의 여사제들은 '성스러운 동정녀 Holy Virgin'라는 칭호로 불렸다. 이 성스러운 동정녀는 육체적 처녀성을 의미하는 것이 아니라 단순히 '미혼'을 의미하였다.

이쉬타르 신전의 여사제들은 여신의 대리인으로서 신탁을 행하였을 뿐만 아니라, 풍요와 다산을 기원하는 종교의식에서 신과 여신의 신성결혼神聖結婚, 즉 히에로스 가모스hieros gamos; hierogamy; sacred marriage를 행하였다.

이 신성결혼 의식에서 여사제는 여신의 대리인으로서 배우자 신을 대신하는 왕이나 청년과 공개적으로 성 행위를 하였다. 또한 일반인 상대의 신성매춘神聖賣春; 신전매춘; sacred prostitution도 하였다.

이렇게 다산의식에서 행하는 성행위를 통하여, 또는 신성매춘으로 태어난 아비를 모르는 아이들은 신의 아들들이라고 불렸다. 이 신의 아들들은 신전에서 양육되어 예언자로서의 길을 가게 되었다. 이와 더불어 예언자는 동정녀 출생이라는 관념이 주변지역으로 전파되었다.

당시 바빌로니아 노예생활에서 해방되어 돌아온 히브리인들은 이러한 여사제의 아이들을 '바투르Bathur'라고 불렀는데, 그것은 '정신적 처녀 출산미혼녀 출산'이란 뜻이었다.

그리스인들은 히브리어 단어 '바투르'를 오역하여 '파르테니오이Parthenioi'라고 불렀는데, 이 때문에 그리스어로 '육체적으로 처녀[동정녀]에게서 태어난virgin-born'으로 의미가 와전되는 결과를 낳고 말았다.

가나안에도 일반 창녀zonah와 달리 신전창녀가 있었다. 신전창녀들은 풍요와 다산을 기원하는 신전제의에서 성행위를 위해 특별히 선택된 여사제들로서 케데샤kedesha; qedeshah, 성스러운 창녀sacred prostitute 등으로 불리었다.

고대 가나안의 농경민족들은 주신主神인 풍작과 태양을 관장하는 바알Lord Baal; '주님'이라 뜻 신과 풍요와 다산의 여신인 아쉐라Asherah; Astarte/아스타르테(페니키아); Ishtar/이쉬타르(바빌로니아); Inanna/이난나(수메르)를 숭배하였다.

가나안 농경민들은 춘분축제에서 다산과 풍요를 기원하는 신전제의를 행하였다. 이 제의를 행할 때 신전의 여사제들은 남자들과 난잡한 성관계를 갖는다.

그것을 보고 바알Lord Baal; '주님'이라 뜻 신과 아쉐라 여신이 흥분하여 하늘에서 성관계를 가짐으로써 신들의 정액과 애액愛液 성관계할 때, 여자의 질에서 나오는 액체이 비가 되어 내리고 그 결과 풍년이 온다고 믿었다.

구약성서에서는 바알, 아쉐라 등의 가나안 신들을 맹렬히 비난하고 있지만, 실제로는 4세기까지도 태양을 상징하는 절대신 바알 신과 아쉐라 여신을 숭배하였다.

구약성서에는 많은 유대인들이 신전 창녀kedeshah/케데샤; temple harlot; sacred prostitute에 드나들었음을 보여주는 내용이 나온다.

> † 그가 그 곳 사람에게 물어 가로되, 길 곁 에나임에 있던 신전 창녀가 어디 있느냐? 그들이 가로되, 여기는 신전창녀가 없느니라.
>
> [창세기 38:21]

《성서의 뿌리-오리엔트문명과 구약성서, 제8장에서 일부 발췌》
《성경 속의 성, pp42-46, 292-294에서 일부 발췌》

그리스 신전에도 여사제들이 있었는데, 이들 역시 이쉬타르 신전의 여사제들처럼 의식에서 선택받은 자, 돈과 권력을 가진 자, 전쟁에서 승리한 영웅과 같은 사람들에게 매춘을 하였다. 이 신전 여사제들이 전쟁에서 이기고 돌아온 영웅에게 가슴을 풀어헤치고 나와서 맞아 주었다는 일화는 잘 알려져 있다.

이처럼 기독교 이전 선주종교들의 대지모신大地母神인 풍요와 다산의 여신의 풍습이 기독교에 수용되어 동정녀 수태신앙으로 탈바꿈한 것이다. 기독교 초기에는 그리스신화와 조금도 다를 바 없이, 여호와 신이 그리스의 신들처럼 육신을 가지고, 땅에 내려 와 마리아와 성관계를 가져 메시아를 잉태했다고 가르치는 교파도 있었다.

3 처녀수태로 태어난 예수의 선후배 메시아들

왜 모든 영웅이나 구세주의 어머니는 처녀이어야 하는가? 동정녀 탄생은 예수보다 수백 년에서 수천 년 이상 먼저 태어나 활약하였던 소위 '예수의 선배 메시아들'이나 예수 이후에 태어나 활약하였던 '예수의 후배 메시아들'의 공통적인 자격조건이었던 것이다.

예를 들어, 이집트 호루스 신의 어머니도 동정녀였고, 페르시아 조로아스터교Zoroastrianism의 구세주 사오샨트Saoshyant도 동정녀에게서 태어났다. 그리스 신화의 디오니소스, 페르세우스, 미노스, 밀레투스, 헤라클레스 등도 동정녀에게서 태어났다. 또한 힌두교의 크리슈나Krishna의 어머니도 동정녀였다.

이처럼 수많은 반인-반신의 영웅이나 구세주들이 아버지 신과 동정녀 사이에서 탄생하였다고 한다.

○ 티아나의 아폴로니우스

예수의 라이벌이자 예수의 원형이라고 일컬어졌던 티아나의 아폴로
니우스Apollonius of Tyana: 카파도키아의 티아나 출신으로 동시대의 예수의 라이벌로
비추어졌기 때문으로 기독교도들은 예수를 내세우기 위해 아폴로니우스를 철저히 말살시킴
도 어머니가 신의 아이를 처녀 수태했다고 알려져 있다.

Apollonius	Jesus
BCE 4년 출생	BCE 4년 출생
신의 아들로 동정녀 출생	신의 아들로 동정녀 출생
탄생 시 동방박사가 방문함	탄생 시 동방박사가 방문함
아람어 사용	아람어 사용
제자들이 있었음	제자들이 있었음
부를 비난함	부를 비난함
예루살렘에 간 적 있음	예루살렘에 간 적 있음

○ 처녀수태로 태어난 예수의 선배 메시아 페르세우스

제우스는 황금의 비가 되어 다나에Danae를 처녀수태하게 하여 영웅
페르세우스Perseus를 탄생시켰다.

초기 기독교의 호교론자護敎論者 유스티누스Justinus, ?~165는 '예수의
처녀수태 탄생설화가 그리스 신화 '페르세우스의 처녀수태 탄생신화'
와 같다는 것을 인정한다고 하였다.

이처럼 유스티누스와 초기 기독교 교부들은 기독교가 그 이전의 종
교들을 수용하고 있음을 알고 있었다.

호루스Horus는 고대 이집트 신화에 등장하는 태양신으로 독수리 모양을 한 신이다. 그는 죽음과 부활의 신 오시리스Osiris와 그의 아내이자 최고의 여신인 이시스Isis의 아들이다.

이집트 신화에서 오시리스 신은 형의 지위를 노린 아우이자 악의 신인 세트에게 살해된다. 오시리스의 누이이자 아내인 이시스 여신은 조각난 오시리스의 사체를 수습하고, 주문의 힘으로 오시리스와의 성관계 없이 처녀인 상태로 호루스를 잉태한다.

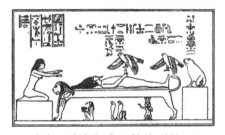

▲ 이시스 여신이 매 모양의 성령으로 잉태하여 호루스를 낳음.
이것이 기독교에서는 마리아가 비둘기 모양의 성령으로 잉태하여 예수를 낳는 것으로 수용되었다.
Scipione Pulzone 작, 1587, Italy

이시스 여신은 이집트 기록에서 '위대한 처녀hwnt'이자 동정녀 어머니로 찬양의 대상이었다. 이시스는 기독교 시대 이전 1000년 이상 동안 '우리의 성모', '천국의 여왕', '바다의 별', '하나님의 어머니'라는 이름으로 숭배되었다.

이시스가 예수의 어머니 동정녀 마리아의 원형이 되었으며, 아기 호루스가 아기 예수의 원형이 된 사실은 오늘날 잘 알려져 있다.

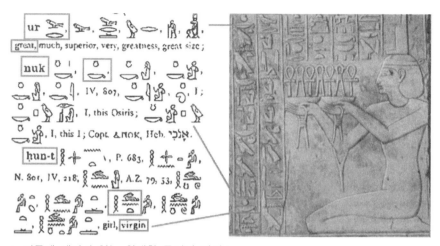

▲ 비문에 새겨져 있는 위대한 동정녀 이시스

BCE 1300년경에 지어진 이집트 애비도스(Abydos)에 있는 세티1세 사원(Seti I Temple)의 비문에는 이시스 여신이 '위대한 동정녀' 또는 '남자와의 성 관계 없이 수태하여 아이를 탄생시킨 처녀 어머니'라고 적혀 있다.

메시아 호루스는 12월 25일 동굴에서 처녀동정녀의 몸에서 태어났으며, 세례를 받았고, 교사였으며, 12제자가 있었다. 그는 기적을 행하고, 죽은 자를 살렸으며, 물위를 걸었으며, 죽은 지 사흘 만에 부활하였다고 한다. 호루스는 길이요, 진리요, 빛이요, 구세주이며, 하느님의 아들로 칭송되었다.

초기 기독교는 이러한 고대 이집트 신화를 수용하여 메시아 호루스의 처녀 탄생신화를 예수의 처녀 탄생설로 각색하였다. 신약성서의 내용과 비교하여보면, 고대 이집트의 이시스와 호루스의 행적을 그대로 수용한 사실이 여실히 드러난다.

로마 중흥기를 전후로 하여 이시스 신앙은 고대 그리스, 로마, 지중해 지역과 유럽에 이르는 대단히 넓은 지역으로 확산되었다. 또한 이것은 결과적으로 나중에 일어난 신흥 기독교 신앙에 수용되어 기독교 처녀수태 신앙, 성모신앙, 그리고 예수 메시아 신앙의 토대가 되었다.

▲ 호루스를 안고 젖먹이는 동정녀 이시스, 예수를 안고 있는 동정녀 마리아
로마의 카타콤[지하묘지]에는 동정녀 이시스(Isis)가 호루스(Horus)를 안고 있는 그
림이 있다.
이집트의 하토르 메리(Hathor-Meri)와 호루스를 기독교의 마리아가 예수를 안고
있는 모습으로 재현한 것은 영지주의 예술가들에 의해서였다.

이시스-호루스가 마리아-예수의 원형prototype이라는 지적은 기독교
를 오랫동안 괴롭혀왔다. 이 사실은 기독교의 아픈 데를 찌르는 약점이
되었으며, 이를 감추고자 하는 기독교도들에 의하여 수많은 이시스 여
신의 성상파괴로 이어졌다.

그리하여 결국 동로마 제국비잔틴 제국/Byzantine
Empire 의 유스티니아누스 황제Justinianus I, 즉 저 유
명한 소피아 사원Hagia Sophia; Ayasofya/아야소피아을 지
은 유스티니아누스는 기독교의 이러한 약점을 감추기
위해 이시스 여신상의 목을 잘라 버리게 되었던 것이
다.

◀ 목이 파괴된 이시스 여신상
이집트 룩소르(Luxor) 신전의 세라피스(Serapis; 오시리스
와 아피스의 합성신)에게 바쳐진 사원에 있는 그리스풍의
이시스 여신상으로, 기독교도들에 의해 목이 파괴되었다.

○ 페르시아의 미트라도 동정녀에게서 태어났다.

고대 페르시아의 미트라교Mithraism; 태양신교. 기독교의 원형 미트라교 《성서의 뿌리(신약) pp238~245 참조》에 따르면, 아나히타 여신은 처녀수태로 미트라Mithra를 낳았다.

기독교 신약성서의 동정녀 수태 모티프는 근본적으로 바로 이 고대 페르시아 신화에서 차용한 것이다. 기독교에서는 아니히타를 성모 마리아로, 구세주 미트라를 구세주 예수로 대체한 것뿐이다. 미트라교(조로아스터교의 로마판)

동정녀 아나히타Anahita; Nahid/나히드; '흠 없고 순결하고 결백한'이란 뜻는 물의 여신이자 다산과 식물의 여신이다. 고대 파르시 문서에 따르면, 아나히타의 뿌리는 베다 이전 시대Pre Vedai Era로까지 거슬러 올라간다.

아나히타 여신은 많은 성 상대자가 있었지만 영원한 처녀, 동정녀라고 불렸다. 금성으로 상징되는 아나히타 여신은 서양으로 전파되어 그리스의 아프로디테, 로마의 비너스와 융합되었으며, 또 다른 한편으로는 동아시아로도 전파되어 불교 관세음보살觀世音菩薩; bodhisattva Avalokitesvara의 원형이 되었다.

이처럼 사실을 알고 보면, 현재 북방불교대승불교/大乘佛敎; Mahayana/마하야나; 한국불교도 여기에 해당에서 열광적으로 신앙하고 있는 관세음보살의 정체는 불교의 교조 석가모니 붓다와는 하등의 관계도 없는 외래신이다.

더구나 신의 존재를 철저히 부정하는 무신종교 불교에서 타종교의 신을 수용하여 숭배하는 등 사실상 유신종교의 행태를 벌이고 있는 작금의 불교의 실상은 석가모니 붓다의 가르침을 정면으로 부정하는 패역悖逆인 것이다.

《법화경과 신약성서, 제5장 참조》
《신묘장구대다라니는 힌두교 신 예찬문인가?, 제7~9장 참조》

미트라교(Mithrasism; 태양신교): 기독교의 원형(prototype)

광명의 신, 태양신 미트라에 대한 신앙은 약 4천 년 전 페르시아에서 시작되어 동으로는 인도와 동아시아까지, 서로는 로마제국을 포함한 전 유럽, 북아프리카와 흑해에 이르기까지 광범위하게 퍼져 있었다.

로마 기독교의 국교화 과정에서 미트라 신앙의 의식, 제도, 관습, 교리 등은 초기 기독교에 대부분 그대로 수용되었다.

미트라는 고대 페르시아의 빛·계약의 신이었다. 로마에서는 Sol Invictus(솔 인빅투스; 무적의 태양신)라고도 불리었다. 인도에서는 '마에트라'로, 불교와 결합해서는 '마이트레야(Maitreya)' 또는 '메테야'로 불리어 졌으며, 중국에서는 마이트레야의 발음을 따서 한문으로 미륵(彌勒)으로 불리었는데 한국과 일본에 이르기까지 미륵신앙으로 발전해 나갔다.

미트라는 승천하기 전에 신성한 황소를 죽였는데 그 황소의 피로부터 인간에 유익한 모든 식물과 동물들이 나왔다.

미트라에움(Mithraeum; 미트라교 사원)은 그가 태어난 바위동굴을 상징하여 동굴모양으로 만들어졌고, 황소를 제물로 바치는 의식이 행해졌다. 미트라 동굴사원에서 발견되는 그림이나 부조에는 황소를 제압하는 태양신 미트라가 묘사되어 있다.

5세기경 기독교도들은 곳곳의 미트라교 지하사원을 점령하여 미트라 신상을 파괴하고 기독교 사원으로 개조했으나 오늘날에도 미트라의 흔적들을 찾아볼 수 있다.

특히 로마의 성 클레멘타인 교회 지하의 아치형 매장토굴은 그곳이 미트라에움이 었음을 명확히 보여주고 있다.

미트라교[태양신교]라는 틀 속에 기독교를 부어넣은 사람은 콘스탄티누스 황제였다. 미트라는 군인통치의 로마제국의 태양신이자 군신(軍神)이기도 하였다. 니케아 종교회의를 주도했던 그는 태양신의 독실한 신봉자로서 로마황제라는 막강한 권력을 이용하여 예수의 기독교를 태양신교라는 틀 속에 부어넣어 새로운 로마제국식 기독교를 합성해낸 것이다. 그 결과 미트라와 예수는 동화되어 거의 모든 면에서 동일하게 되었다.

몇 가지 예를 들자면, 콘스탄티누스 황제는 초기 기독교인들이 지키던 토요일 안식일을 태양신의 날인 일요일로 바꾸었다. 오늘날에도 유대교인들은 여전히 토요일을 안식일로 지키고 있다. 또한, 예수의 생일을 1월 6일에서 태양신의 탄생일인 12월 25일로 바꾸었다(가톨릭에서는 354년부터, 그리스정교에서는 379년부터). 그밖에도, 천국과 지옥, 영의 거듭 남을 통한 구원, 구세주의 고난을 통한 구원, 최후의 만찬, 최후의 전쟁, 심판의 날에 죽은 자의 부활, 재림의 교리 등 거의 그대로이다.

미트라	예수
❶ 12월25일에 처녀에게서 태어났다.	❶ 탄생일 모름. 처녀에게서 태어남.
❷ 목동들이 출생과정을 지켜보았다.	❷ 천사가 목동들에게 탄생을 알림.
❸ 열 두 제자가 있었다.	❸ 열 두 제자가 있었다.
❹ 태양신의 아들(성자)로 삼위일체 형성.	❹ 야훼의 아들(성자)로서 삼위일체 형성.
❺ 죽은 지 3일 만에 부활하였다.	❺ 죽은 지 3일 후에 부활하였다.
❻ 승천하기 전 최후의 만찬을 갖는다.	❻ 승천하기 전 최후의 만찬을 갖는다.
❼ 에오스트레(Eostre; 봄의 여신) 축제일이 미트라의 부활일이 되었다.	❼ 미트라의 부활일을 기독교에서 수용하여 예수의 부활절로 삼았다.
❽ 태양신을 섬기기 때문에 미트라를 기리는 거룩한 날은 일요일이었다.	❽ 거룩한 날은 토요일이었으나 미트라교를 수용하여 일요일로 바뀌었다.
❾ 태양신을 뜻하는둥근 빵으로 성찬.	❾ 빵과 포도주로 성찬의식을 함.
❿ 성직자 계급제도가 있었으며 예배할 때 십자가, 묵주 등이 사용되었다.	❿ 성직자 계급제도가 있으며 예배할 때 십자가, 로사리오(묵주)등이 사용됨.
⓫ 미트라교의 주교는 태양신의 상징으로 미트라(미테르; 주교관)을 썼다.	⓫ 기독교 주교들은 오늘날에도 미사를 드릴 때 미트라(주교관)을 쓴다.
⓬ 사제를 파더(Father)라고 불렀다.	⓬ 기독교 사제를 파더(Father)라고 부름.
⓭ 십자가는 메소포타미아에서 태양신의 상징으로 쓰여, 아시리아, 페르시아, 이집트, 그리스를 거쳐 로마까지 전래되었다.	⓭ 기독교에서는 미트라교의 십자가를 받아들여 6세기 이후 기독교의 상징으로 사용하기 시작하여 13세기 이후부터는 기독교의 상징으로 굳어졌다.

○ 역사적 인물들도 너도나도 처녀탄생을 주장

고대에는 소위 동정녀에게서 탄생하는 것이 영웅이나 위대한 인물이 되기 위해 갖추어야 하는 전제조건으로 받아들여지자, 심지어는 역사적 인물들조차도 신격화하기 위해 너도나도 앞 다투어 동정녀 수태를 주장하였다.

플루타크 영웅전Parallel Lives; Vitae parallelae(L.): 생애비교; 비교열전(對比列傳의 저자인 플루타크Plutarch 46~120의 저서 《알렉산더의 삶The Life of Alexander》에 따르면, 알렉산더 대왕의 탄생에는 어머니 올림피아스와 남편 필립포스에게 따로 꿈에서 수태고지가 있었다.(이 패러다임은 약 300년 후 신약에서 요셉과 마리아에게 일어난 수태고지 이야기로 그대로 반복된다.)

그들이 갓 결혼하여 첫날밤에 들기도 전날 밤 올림피아가 아직 여전히 처녀인 상태일 때 번개가 그녀의 자궁을 쳐 임신하였다.

이것은 어머니의 자궁을 때리는 번개에 의해 처녀수태를 하였다는 디오니소스 신화를 따른 것으로, 간단히 말해서, 알렉산더가 그리스인의 하느님인 제우스의 아들 신이라고 말하고 싶었던 것이다.

이 모두가 알렉산더 대왕 사후에 그를 신격화하고자 하는 추종세력에 의해 처녀잉태설이 덧붙여졌던 것이다.

로마제국의 초대황제 아우구스투스에게도 그러한 전설이 덧붙여졌으며, 심지어는 플라톤도 후세의 제자들에 의해 '처녀로부터 태어난 인물'이라 불리게 되었다.

예수의 후배 메시아라 일컬어진 바 있는 마니교Manichaeism , 摩尼敎; 230년경 페르시아에서 마니가 창시한 이원론적 종교의 창시자 마니도 유명해지자, 처녀에게서 태어났다고 주장하였다.

○ 한국 역사서에 실려 있는 수많은 처녀 수태설

한반도에서도 고대에는 너도나도 성령 잉태한 사람들이 참 많았다. 우리 역사의 고대국가 건국 시조들도 대부분 정상적으로 남녀의 결합으로 태어나지 않았다. 아비가 없는 것은 보통이고 알에서 태어나거나 궤에서 나오는 것으로 되어있다.

예를 들어, 고구려의 시조 동명성왕東明聖王58~19 BCE, 즉 주몽朱蒙은 사람이 아닌 알에서 태어났고, 커서는 강물 위를 걸어서 강을 건너고, 늙어서는 죽지 않고 하늘로 승천하였다.

주몽은 예수보다 50년 쯤 먼저 태어났으니 동정녀 수태설 뿐만 아니라, 물위를 걷는 기적이나 하늘로 승천한 기적의 선배이기도 하다.

《삼국유사》, 《삼국사기》, 《환단고기》 등에도 동정녀 서술성모西述聖母: 선도산 성모의 처녀수태에 관한 기록이 있다.

◎ … 옛적에 어느 제실의 딸이 있어 남자와 관계치 않고 처녀수태를 하였는데, 남에게 의심을 받게 되자 곧 배를 타고 바다를 건너 진한에 이르러 아들을 낳았다. 그 아이는 해동 최초의 왕이 되고 그 동정 성모는 땅의 신선이 되어 길이 선도산에 있다 하는 바, 이것이 그 상이다. …

[삼국사기 신라본기 제12 경순왕]

◎ … 사로국斯盧國: 지증왕 때 신라로 국호를 바꿈의 시왕은 선도산 성모의 아들이다. 옛날에 부여 제실의 딸 파소婆蘇가 있었는데 지아비 없이 처녀수태를 하여 사람들이 의심 하는 바 되어, 눈수로부터 도피하여 동옥저에 이르렀다가, 다시 배를 띄워 남쪽으로 내려와 진한 땅 나을촌에 도착했다. 그 때 소벌도리는 그 소문을 듣고 가서 자기 집에 데려와 거두어 길렀다.

[환단고기, 고구려국 본기 제6]

◎ 신라 제25대 진지왕眞智王 사후에 그의 귀신이 사량부沙梁部에 사는 도
화녀桃花女와 교합하여 아들 비형鼻荊을 낳았다 …

[삼국유사 기이편 도화녀와 비형랑桃花女—鼻荊郎]

◎ … 성번중成蕃仲이란 사람의 집에 귀신이 나타나 하녀를 덮쳐 능욕하였
다. 하녀의 몸에는 어느덧 태기가 있었다. 하녀는 생각 끝에 주인 성번
중에게 이 사실을 털어놓았다. …

[용천담적기龍泉淡寂記; 조선 중기의 문신 김안로의 수필집]

성지식에 극히 무지하던 옛날에는 처녀가 남자와의 성 접촉 없이 수
태하였다는 말을 큰 의심 없이 믿었다.

옛날 사람들은 처녀가 애를 배면 귀신과의 교접으로 임신했다하여
이를 귀접鬼接; 귀신과 성교하는 것; spectrophilia이라 하여 눈감아주고 넘어
가는 풍습이 있었다. 이렇게 귀접으로 잉태된 아기를 귀태鬼胎라 하였
다. 근대까지만 해도 사람들은 귀태라는 것을 있을 수 있는 얘기로 믿
고 있었다.

지금으로부터 2천 년 전 예수 당시의 세계인구는 1억 명이 되지 않
았다. 오늘날 세계인구는 75억으로 늘어났다.

옛날에는 세계 도처에서 그토록 많이 일어나던 동정녀 수태의 기적
이 어찌하여 인구가 75배 이상 불어난 오늘날에는 오히려 정반대로 일
체 일어나지 않는 기현상을 보이는 것인가?

현대 과학자들은 혈액 한 방울, 머리카락 한 올이면 유전자 분석으
로 누가 아이의 부모인지를 정확히 알아낼 수 있다.

아직 인간의 인지와 과학이 발달하지 못하였던 고대에는 인간의 무
지를 자양분으로 하여 처녀수태 신화가 번성하였다. 그러나 인류가 첨
단과학문명시대에 접어들자 그 많던 신화들은 햇빛에 노출된 곰팡이처
럼 한 순간에 소멸되어 버렸다.

4 젊은 여자의 수태를 처녀수태로 왜곡

처녀수태 또는 동정녀수태가 신약에 자리 잡게 된 데는 특히 마태의 의도적 오역 내지는 왜곡의 탓이 크다.

마태는 유대교 성서기독교에서의 구약를 인용할 때, 히브리어 '알마흐 almah; 젊은 여인'로 되어있는 것을 신약에서 '베툴라betulah; 동정녀; 숫처녀; virgin, parthenos/파르테노스'로 왜곡함으로써, '젊은 여자의 잉태'를 '동정녀의 잉태'로 둔갑시켰다.

> ✡ Therefore the Lord Himself will give you a sign: Behold, a young woman[almah] will be with child and bear a son, and she will call His name Immanuel. [Isaiah 7:14]

> † 보라 처녀가 잉태하여 아들을 낳을 것이요 그의 이름은 임마누엘이라 하리라 하셨으니 이를 번역한즉 하나님이 우리와 함께 계시다 함이라. [마태복음 1:22-23]

본래 이사야 7장은 아하스 왕에게 하는 예언으로, '그 젊은 여자이사야의 아내가 낳은 어린애이사야의 둘째 아들 임마누엘가 나이를 먹기도 전에 두 적국은 패할 것이다'라는 내용이다.

이 내용을 마태는 '처녀가 어린애를 낳고 그 아이가 유대민족을 구원할 메시아가 될 것이다'라는 문장으로 바꿔놓았다.

마태는 '젊은 여자, 즉 이사야 아내의 둘째 아들 임마누엘의 탄생'을 '동정녀 마리아의 아들 예수의 탄생'으로 성서의 내용을 터무니없이 왜곡하고 말았다.

≪이 부분은 매우 민감하고 중요한 내용으로 자세한 설명을 필요로 한다. 그러나 여기서 다루기에는 지면상의 제한이 있어 간단히 언급만 하였다. 충분한 내용은 《성서의 뿌리(신약)》, pp171~180, 젊은 여자의 잉태를 처녀의 잉태로 조작한 마태를 참조하시기 바란다.≫

5 예수 사후에 뒤늦게 도입된 예수의 성령 잉태설

기독교 초기인 70년경까지만 해도 예수의 처녀수태 탄생설화는 없었다. 그때까지 중요했던 것은 예수의 가르침이었다.

바울의 편지들은 신약성서에서 가장 오래된 문서들로 예수의 십자가 처형이 있은 지 약 15년 후에 쓰인 것이지만, 처녀 수태설에 대해서 언급하고 있는 곳은 전혀 없다. 바울은 예수의 죽음과 부활을 믿는 것만이 신앙의 요체라고 강변하였을 뿐, 동정녀 잉태에 관해서는 한 마디도 언급하지 않았다.

바울은 예수가 십자가 처형을 당한 후 뜨거운 열정을 가지고 지중해 연안의 여러 지역을 전도여행하며 선교에 힘썼다.

그런데 기독교 초기에 바울이 전도하려는 사람들은 대부분 헬레니즘 세계에 살고 있던 이산 유대인들Diaspira/디아스포라이었으므로, 다른 민족 신화에나 있는 처녀 잉태설을 언급할 필요가 전혀 없었다.

그러나 그 후 기독교가 유대인이 아닌 다른 민족 사람들까지도 선교의 대상으로 삼게 되자, 처녀잉태설의 도입이 절실히 필요하게 되었다.

이유인 즉 지중해 지역의 헬레니즘 문화에 친숙해 있던 다른 민족 사람들이 숭배하는 신들은 보통 사람과는 달리 처녀잉태, 동정녀탄생과 같은 기적적인 탄생방식을 취하고 있기 때문이었다.

이들 다른 민족의 신들과 경쟁하기 위해서, 또한 예수를 신으로 받아들이게 하기 위해서는 처녀수태, 동정녀 탄생설을 기독교에도 도입할 필요가 대두되었던 것이다.

그리하여 예수 사후 거의 반세기가 지난 1세기 후반이 되어서야 예수의 성령 잉태설이 나타나기 시작하였다.

6 성령 잉태설은 고대인들의 무지의 산물

† … 그의 어머니 마리아가 요셉과 약혼하고 동거하기 전에 성령으로
잉태된 것이 나타났더니 … 주의 사자가 현몽하여 이르되 다윗의 자
손 요셉아 … 그에게 잉태된 자는 성령으로 된 것이라.

[마태복음 1:18~20]

아직 인지가 깨이지 못하고 과학발전이 미개하였던 2000년 전, 마태
는 오늘날의 초등학생 정도의 유전학 상식조차 없었던 탓인지, 그는 예
수를 다른 민족의 신들처럼 처녀수태로 탄생하였다는 내용으로 예수의
탄생을 자신의 복음서에 썼다.

마태는 예수를 찬양하려는 자신의 의도와는 달리, 결과적으로 예수
를 모독한 셈이 되었다. 흔히 지옥으로 가는 길은 선의로 포장되어 있
다고 하지 않는가.

마태는 마태복음서에서 마리아가 남자와의 교합 없이 성령으로 잉태
되었다고 말하였다. 성령Holy Spirit, 즉 성스러운 영靈에는 정자가 있을
수 없다. 그러므로 성령으로 잉태된 것은 처녀 수태, 또는 동정녀 탄생
이라고 하는 것이다.

동정녀 탄생은 생물학적 용어로는 처녀생식parthenogenesis/파르테노제
너시스; 단성생식/單性生殖; 단위생식; 동정생식 이라 한다. 처녀생식은 난자가
정자에 의해 수정되지 않고 배아로 발달하는 것, 즉 새로운 개체를 만
드는 방식이다. 이것은 진딧물과 같은 무척추동물, 물벼룩 등의 하등동
물에서 발생한다.

결과적으로 마태는 구세주라는 위대한 예수를 선충이나 물벼룩 같은
하등동물의 생식방법인 처녀생식에 의하여 태어난 하등한 존재로 모독
하는 실수를 저지른 것이다.

적어도 구세주라는 위대한 인물이라면 진딧물이나 물벼룩보다는 더
고등한 생식방법으로 태어나야 하지 않겠는가!

또한 생물은 어버이로부터 모양과 크기가 같은 염색체를 각각 하나씩 받아 한 쌍(2개)씩 갖게 되는데, 이를 '상동염색체相同染色體; homologous chromosome; 어버이로부터 각각 한 개씩 물려받은, 모양도 같고 크기도 같은 한 쌍의 염색체. 유전자가 같은 순서로 배열되어 있으며, 감수 제일 분열의 전기에 둘씩 붙어 쌍을 이루어 염색체를 만듦'라 한다. 보통 사람은 23쌍의 상동 염색체, 즉 46개의 염색체를 갖는다.

그러나 예수의 경우, 어머니 마리아가 성령잉태를 하여 남자의 정자를 통해 염색체를 받은 것이 없으므로 상동염색체 없이 어머니 마리아에게서 받은 염색체 23개뿐이라는 것이다.

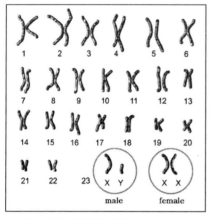

▲ 정상인의 염색체 23쌍 46개

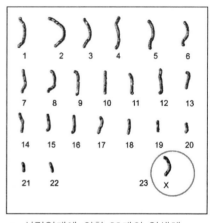

▲ 성령잉태에 의한 23개의 염색체

그런데 문제는 여기서 발생한다. 사람의 염색체 수는 상동 염색체를 이루어 짝수가 되어야 한다. 염색체 수가 홀수가 되면 다운증후군, 터너 증후군과 같은 병에 걸린다.

또한 사람의 여성에게서는 처녀생식이 일어나지 않으며, 수정되지 않은 난세포는 여성들의 월경月經; menstruation으로 배출된다. 여성의 난자에 처녀생식이라는 비정상적 생식이 일어날 경우, 그 배아가 죽거나 난소 종양으로 변한다.

◀ Y-성염색체가 결여된
각 종교의 메시아들.
모두 수염이 없다.

또한 아버지의 정자를 통하여 성염색체 X 또는 Y를 받지 못하면, 아이는 설사 신의 기적으로 태어난다고 가정할지라도, 어머니의 X 염색체만으로는 남성이 될 수 없다.

예수의 어머니 마리아가 성령잉태를 하여 남자의 정자를 통해 염색체를 받은 것이 없으므로, 예수는 상동염색체를 한 쌍도 갖지 못하였으며 Y 염색체도 갖지 못한 것이 된다.

그렇다면 예수는 남자일 수 없다는 뜻이 된다. 수염이 날 수도 없으니 예수 초상화에 있는 수염은 모두 가짜라는 뜻이 된다.

학자들이 지적하는 성령잉태설의 허점은 여호와 신이 수많은 처녀들을 제쳐두고, 굳이 남의 약혼녀인 마리아를 택할 이유가 있었겠는가 하는 점이다.

미네소타 주립대학의 임상 심리학자이자 성性 연구가인 에릭Eric Sprankle 교수는 여호와 신을 '십대 소녀 마리아를 동의 없이 임신시킨 성 포식자이며 약혼자 요셉의 약혼녀를 가로챈 약탈자'라고 비난하고 있다.

'동정녀 출생'이라는 관념은 자연법칙에도 위배되는 우주의 본질에 대한 부정일뿐만 아니라, 그 이면에는 모든 정상적인 남녀 간의 정자·난자의 결합에 의한 출생을 불결하고 열등한 것으로 모독하는 뜻이 숨어있는 저열한 발상이라는 것이다.

성령 잉태설은 난자의 존재를 알지 못하였던 고대인들의 무지의 산물

오늘날 현대인은 초등학생만 되어도 아기가 어떻게 만들어지는지 안다. 그러나 우리는 지금으로부터 2000년 전 마리아의 성령 잉태설을 복음서에 기록하던 성서 저자들이 오늘날 초등학생 정도의 과학, 생물학 지식이나 상식조차 없었다는 사실을 감안하지 않으면 안 된다.

성령 잉태설은 고대인들의 생물학에 대한 철저한 무지함에서 비롯되었다. 인간의 몸은 정자와 난자의 결합으로 이루어진다. 성령(Holy Spirit), 즉 성스러운 영(靈)에 정자가 있을 수 없다. 그러므로 성령으로 잉태된 것은 처녀 수태, 또는 동정녀 탄생이라고 하는 것이다.

신이 신의 영을 빛의 형태로 넣거나 말씀으로 귀를 통해 처녀의 자궁에 넣기만 하면 아기를 잉태한다는 생각은 아직 여성의 난자(卵子)의 존재를 알지 못하였던 고대인들의 무지에서 비롯된 것이다.

과학자들은 1827년이 되어서야 난자를 처음 발견하였으며 그로부터 50년 뒤 난자와 정자의 수정을 통해 태아가 생겨나는 과정을 관찰할 수 있었다.

고대인들은 식물의 씨앗을 밭에 뿌리기만 하면 식물의 싹이 돋아나듯이, 남자의 정액 속에는 이미 완성된 사람[아기]이 축소된 상태로 들어 있다가 여성의 자궁에 뿌려지기만 하면 아기가 크게 자라난다고 생각하였다.

3세기의 한 기독교 신학자가 저서에서 "남성의 씨[정액] 속에는 완전한 열매[사람]가 되는 것이 이미 존재하고 있다"라고 한 말은 고대인들의 임신과 출산 메커니즘에 대한 전적인 무지함을 단적으로 보여주고 있다.

◀ 정자 세포 내부에 완성된 사람의 원형이 축소된 형태로 들어있다.
Nicolas Hartsoeker 삽화, 1694

고대의 서양인들은 태아의 몸이 어떻게 생겨나는가에 대해 대략 다음 3가지 주장을 하였다.

우선, 히포크라테스(5~4 BCE)는 아버지와 어머니의 정액이 똑같이 섞여 태아가 만들어지며, 따라서 남녀의 역할은 대등하다고 생각하였다.

둘째로, 아리스토텔레스(384~322 BCE)는 태아의 형상과 정신은 아버지의 정액으로 만들어지고 어머니는 단순히 태아의 질료(質料; Matter; hyle; 재료)를 제공할 뿐이라고 주장하였다. 여성의 난자의 존재를 알지 못하였던 그는 남성의 역할만이 절대적인 것이며, 여성은 열등한 존재인 것으로 생각하였다. 중세의 신학자 토마스 아퀴나스 역시 이 설을 적극 지지하였다.

셋째로, 고대 로마의 의학자 갈레노스(131~201)는 아버지와 어머니의 정액이 똑같이 섞여 태아가 만들어지며, 다만 정액의 양이 많은 남성이 태아 형성에 더 큰 역할을 한다고 생각하였다.

기독교의 성령에 의한 마리아의 처녀수태라는 사고방식은 아리스토텔레스의 생각을 따른 것이다. 신약 복음서에서는 '성령' 또는 '말씀'에 의해 잉태하였다고 말하고 있는 바, 이 성령은 아리스토텔레스가 말하는 아버지 정액의 정신적 역할에 해당하는 것이기 때문이다. 즉 마리아는 단순히 질료(質料; 재료)를 제공하는 수단으로서의 자궁을 성령에게 제공하여 신의 아들을 수육(受肉)한 것이기 때문이다.

아리스토텔레스는 철학자일 뿐 의학자도 과학자도 아니었다. 그럼에도 불구하고 그는 수많은 심각한 의학적, 과학적 오류를 범한 것으로 악명 높다.

예를 들어, 그는 질량이 큰 물체와 작은 물체를 동시에 떨어뜨리면 질량이 큰 물체가 더 빨리 땅에 떨어진다고 하였다.

이 주장은 17세기에 들어 갈릴레이가 동시에 떨어진다는 사실을 증명할 때까지 정설로 받아들여졌었다. 이 오류를 바로 잡는데 무려 2000년이란 세월이 걸린 것이다.

또한 그는 여자의 이빨 수가 남자의 이빨 수보다 2개가 적다는 어이없는 주장을 하기도 하였다. 그는 간단히 자신의 아내의 입을 벌려 확인하는 수고조차 게을리 하였던 것이다.

오늘날 우리는 이 유명한 철학자의 주장들이 과학에 무지하였던 고대인이 저지른 오류임을 안다.

그러나 참으로 이상한 것은 이러한 오류들은 바로 잡았으면서도, 그야말로 초등학생 수준의 기초적인 생물학적 상식만 있어도 그 진위를 판별할 수 있는 처녀수태와 같은 원시적 주장에 대해서는 이상하리만큼 맹신하며 사수하려 드는 비이성적 행태를 보이고 있다는 점이다.

이것이야말로 한 사람의 작은 거짓은 믿지 않으나 집단이 저지르는 큰 거짓에는 군중 모두가 무비판적으로 맹신하고 따른다는 인간의 중우(衆愚) 심리의 한 예라 하겠다.

21세기 첨단문명시대를 살아가고 있는 현대인들이 고대인들의 무지의 산물을 단순히 신앙이란 미명하에 무비판적, 비이성적으로 맹신하고 있다는 것은 심각한 문제가 아닐 수 없다.

7 젊은 사제가 애를 낳게 해주는 관습

"이것은 바로 가브리엘 천사가 나사렛에 수태고지受胎告知; 예수의 잉태를 알려 줌하러 오셨을 때 성 처녀 마리아의 침실에 떨어뜨리고 간 날개의 깃털입니다."

-데카메론 6번째 날 10번째 이야기

가브리엘이 예수의 친아버지라는 비밀은 이스라엘 고대전승 등을 통하여 오랫동안 전하여져 왔다.

가브리엘이 마리아를 임신시킨 예수의 생물학적 아버지라는 비밀 전승은 유럽 전역에도 의외로 폭넓게 퍼져 있었다.

물론 여기서 '천사'란 신의 뜻 전달자, 즉 사제를 뜻한다. 날개달린 신화적 존재가 아니라 젊고 건강한 남자를 말한다.

중세 유럽에서도 이 비밀을 알고 있는 사람들은 있었으나 그것을 발설하려면 서슬 퍼런 기독교의 숨 막히는 압제 하에서 목이 잘리거나 화형 당할 각오를 하지 않으면 안 되었다.

예수의 친아버지와 관련하여 마리아의 순결을 거론한 혐의 등으로 화형 당한 수도사이자 철학자이자 천문학자였던 브루노Giordano Bruno가 그 한 예이다.

◀ 진리의 순교자 브루노
로마의 한 광장에서 화형 당함
1600년 2월

한편 문학 예술가들은 기독교의 도끼날이나 장작불을 피하기 위하여 '가브리엘과 마리아 사이에 성적 접촉이 있었음'을 암시적이고 은유적으로 표현하기 시작하였다.

근대소설의 선구자 보카치오Giovanni Boccaccio, 1313~1375는 단테의 신곡神曲에 대해 인곡人曲이라고도 일컬어지는 《데카메론Decameon; 10일(간의 이야기)》에서 권력집단화, 이익집단화한 기독교의 타락상을 고발하면서 '가브리엘과 마리아 사이에 성적 접촉이 있었음'을 화자의 입을 빌려 다음과 같이 암시적으로 말하고 있다.

"이것은 바로 가브리엘 천사가 나사렛에 신의 메시지를 전하기 위해 처녀 마리아의 침실에 들어 왔을 때 떨어뜨리고 간 날개의 깃털입니다."

다시 말해, 보카치오는 천사, 즉 젊고 건강한 남자 성직자가 처녀의 침실에 들어와 '날개의 깃털들이 떨어질 만큼'으로 비유되는 격렬한 행위를 하였음을 말하고 있는 것이다.

날개옷 한쪽을 벗어놓고 간 대천사 가브리엘이라는 예술작품도 있다. 날개가 아니라 '옷'이라 한 표현에 주목하라!

"천사가 나 없는 사이에
또 왔다 갔소?"

여기서 천사란 날개 달린 신화적 존재가 아니라 직업이 천사이다. 바로 사제, 성직자 집단이다.

성서에는 천사가 여자를 방문하여 수태하였음을 알려주는 패러다임이 여러 곳에서 반복하여 등장한다.

이것은 사실은 바로 그 천사, 즉 젊고 건강한 남자가 그 여자와 잠자리를 같이하여 애를 갖게 해주는 것을 의미한다.

천사가 인간과 성교도 하는가?

물론 한다. 천사가 인간과 성교를 할 뿐만 아니라 자식들까지 낳고 행복하게 사는 것으로 성서에 나와 있다.

창세기 6장에는 신의 아들들로 표현된 천사들이 인간의 딸들과 성교하여 자식을 낳고 잘 사는 것으로 나와 있다.

《성서의 뿌리-성경 속의 성, 제5장에서 일부 발췌》

예수는 성서를 제대로 읽어보지 않았는지 천사가 결혼하는 경우란 있을 수 없다고 신약성서에서 잘라 말하고 있다.

그러나 구약성서 창세기에서는 천사가 인간과 결혼하여 아이를 낳았다는 네필림 이야기를 분명히 밝히고 있다.

> † 왜냐하면 하늘에 있는 천사들이 그러하듯이, 부활 때에는 장가도 아니 가고 시집도 아니 가기 때문이니라.
>
> [마태복음 22:30; 마가복음 12:25; 누가복음 20:34]

> ✡ 하나님의 아들들이 사람의 딸들의 아름다움을 보고 자기들의 좋아하는 모든 자로 아내를 삼는지라.
>
> [창세기 6:2]

이처럼 천사와 인간은 성적 접촉을 한다. 하물며 그 천사라는 존재들이 인간 성직자들을 가리키는 것임에랴!

이처럼 천사로 표현된 존재는 물론 사람이었다. 여기서 천사는 젊고 건강한 남자를 말한다.

천사의 방문을 받는 여자는 남편보다 젊고 건강하고 총명한 사제의 씨를 받는 것이다.

이것은 히에로스 가모스hieros gamos: 神聖結婚 의식에 그 뿌리를 두고 있는 것으로서, 사제는 신의 대리자인 천사로서 불임인 여자와 성교하여 임신시켜 준다.

천사는 유대교나 거기에서 파생된 기독교의 것이 아니었다. 본래 유대교에서는 부활, 천국, 천사, 영혼의 존재 등 페르시아 조로아스터교에서 온 종교개념을 철저히 거부하였다.

그럼에도 불구하고 후세로 가며 유대교는 이러한 종교개념을 모두 수용하게 되었으며, 그리스 다신교의 요소와 혼합되어 천사가 날개를 달고 나는 모습으로 부풀려지게 되었다.

게다가 철저한 남성중심의 유대교에서는 천사도 남성화되었다. 천사 가브리엘은 다니엘서에 처음 등장하는데 거기에는 명백히 '그 남자 가브리엘the man Gabriel'로 나와 있다.

✡ 곧 내가 말하여 기도할 때 처음에
환상 속에서 본 그 남자 가브리엘이
신속히 날아 …   [다니엘 9:21]

8 마리아의 성령잉태에 앞서 있었던 엘리사벳의 성령잉태

누가복음에서도 가브리엘은 남자 천사로 나타나 엘리사벳에게 요한의 성령에 의한 수태를 고지하고[누가복음 1:10-20], 이어서 여섯 달 뒤에는 마리아에게 예수의 성령에 의한 수태를 고지한다[누가복음 1:26-38]. 가브리엘이 요한과 예수의 생부生父: 친아버지; biological father라는 의미이다.

당시 유대의 아비야Abia: Abijah 가문에 한 제사장이 있었는데 그 이름은 사가랴이고 그의 부인은 엘리사벳이라고 하는 아론Aaron 계통의 집안사람이었다.

제사장 사가랴와 그의 아내는 늙도록 아이가 없었다. 신약성서에는 그들의 나이가 나와 있지 않지만, 꾸란에는 사가랴가 120세, 엘리사벳이 98세로 나와 있다.

어느 날 가브리엘이 사가랴에게 나타나 장차 요한이라는 아들이 생길 것이라고 수태고지하는 내용이 누가복음 1:5~80, 3:1~22 그리고 이슬람 성서 꾸란Qur'an 19:2~15에 나온다.

사가랴Zechariah와 요한John은 이슬람 성서 꾸란에서는 아라비아어로 자카리야Zakariya와 야히야Yahya라 한다.

사가랴가 성전의 성소에 있는데 주의 사자가 나타나 '네 아내 엘리사벳이 네게 아들을 낳아 주리니 그 이름을 요한이라 하라'고 하였다.

이런 일이 일어날 징조로서, 하나님께서 요한이 태어날 때까지 사가랴의 입이 굳어 아무 말도 할 수 없게 하여, 그는 그때까지 손짓발짓으로 의사소통을 하였다.

꾸란에서는 단 3일간 사람들에게 아무 말도 할 수 없게 하였다고 나와 있다.

† 후에 그의 아내 엘리사벳이 잉태하고 다섯 달 동안 숨어 있으며 이르
되 주께서 나를 돌보시는 날에 사람들 앞에서 내 부끄러움을 없게 하
시려고 이렇게 행하심이라 하더라..   [누가복음 1:24-25]

위에서 보다시피, 사가랴와 엘리사벳 부부는 요한을 수태함으로 인
하여 자식이 없는 부끄러움을 벗어나게 되었다.

그렇다면 크게 기뻐하고 여호와 신이 내린 은총을 자랑하는 것이 마
땅함에도 불구하고, 오히려 남편은 마치 벙어리처럼 쉬쉬하며 입을 닫
아 감추고, 엘리사벳은 부끄러워하며 5개월 동안이나 숨어 지내는 이
상행동을 보인다.

눈치 빠른 사람들은 이미 간파하고 있겠지만, 사실 너무 늙어 임신
시킬 수 없는 노인인 사가랴가 자신의 아내로 하여금 천사, 즉 다른 젊
은 남자의 씨를 받아 임신하여 요한을 낳았음을 입을 닫아 감추고, 부
끄러워하며 5개월 동안이나 숨어 지냈음을 암시하는 것이다.

한국에서도 옛날에 아이를 못 낳는 여인들주로 남편의 성기능에 문제가 있
는 여인들은 애를 갖게 해달라고 절에 불공을 드리러 가서 100일 기도를
하였다. 그리고 백일기도가 끝날 무렵, 젊은 스님이 불임녀를 임신시켜
주는 비밀스러운 관습이 암암리에 행하여졌었다.

이렇게 임신하여 하산한 여인들은 아이가 태어나면 색동저고리를 입
혀 다시 절을 찾는데, 그것은 스님들에게 그의 자식임을 알려주는 암묵
적 신호였다고 한다.

이처럼 동서를 막론하고 신이 보낸 천사, 즉 성직자가 불임녀들에게
신의 은총까지 베풀어주었으니 그들은 성직聖職: sacred service을 행함
과 동시에 성직性職: sexual service을 행한 셈이다.

여섯 달 뒤에 가브리엘은 이번에는 마리아에게 나타나 아들이 생길 것이라 알려 준다[누가복음 1:26-38].

가브리엘은 요한과 예수에게 동일한 방식으로 수태고지하며 요한과 예수는 동일한 방식으로 태어난다. 젊은 사제 가브리엘이 엘리사벳에 이어 엘리사벳의 사촌동생 마리아를 연달아 임신시킨 것임을 보여준다.

[요한의 수태고지] † 네 아내 엘리사벳이 네게 아들을 낳아 주리니 그 이름을 요한이라 하라.　　　　　　　　　　[사도행전 22-23]

[예수의 수태고지] † 네가 수태하여 아들을 낳으리니 그 이름을 예수라 하라　　　　　　　　　　　　　　　[누가복음 1:26-31]

마리아가 가브리엘에게 "나는 남자를 알지 못하는데 어떻게 아이를 잉태할 수 있습니까?"하고 묻자, 가브리엘은 "성령이 네게 임하고come upon thee 지극히 높으신 이의 능력이 너를 덮으시리니overshadow thee …" 라고 답하고 있다.

이스라엘 신학자들은 '임하고come upon; '~에게 사정射精하다'의 뜻도 있음' 나 '덮으리니overshadow; 가리다. 덮다'와 같은 말들은 남자천사와 여자와의 성적 접촉을 은유적으로 함축하고 있음을 지적하고 있다.

그들은 누가복음은 두 명의 잉태에 관계있는 존재를 가브리엘 사제로 보고 있으며, 그가 두 여자에게 아기씨를 주었다는 것은 의심할 여지가 없다고 보고 있는 것이다.

가브리엘 사제가 요한과 예수의 생물학적 아버지라면, 예수는 여호와 신의 독생자가 아닌 가브리엘의 차남이 된다.

성서에는 천사가 여자를 방문하여 수태風胎: 임신함하였음을 알려주는
패러다임이 여러 곳에서 반복하여 등장한다.

이것은 사실은 바로 그 천사, 즉 젊고 건강한 사제가 그 여자와 성교
하여 임신시켜 주는 것을 의미한다.

이것은 비단 유대교나 거기서 파생되어 나온 기독교뿐만 아니라 세
계의 거의 모든 종교에 있던 고대의 습속이었다.

그래서인지 성서에는 남편이 너무 늙어 성 능력이 없을 때, 대개의
경우에는 여자가 혼자 있을 때만 천사가 여인을 방문하여 임신사실을
알려주는 식으로 기술되어 있다. 즉 남편이 없을 때 천사로 상징되는
남자가 여자를 방문하여 성교하고 임신시켜주는 것이다.

천사는 이색적 분위기를 풍기는 것으로 묘사되고 있는데, 이것은 생
업으로 땀 냄새나는 일반인들과는 달리 신전에 거주하여 온 몸에 향냄
새가 깊이 배어들어 있는 사제라는 뜻이다.

천사가 여자를 방문하여 임신시켜주는 성서의 패러다임

○ 불임이었던 아브라함의 아내 사라에게 천사들이 방문한 후 임신한다.
○ 불임이었던 마노아의 아내가 천사의 방문을 받고 삼손을 낳게 된다.
  【성서의 뿌리-성경 속의 성, 중권 136장: 남편이 없을 때만 여인에게 임하여
  임신케 하는 남자천사】
○ 남편 사가랴(Zacharia)가 늙어 임신하지 못하던 그의 아내 엘리사벳이 천사
  가브리엘의 방문이 있고 난 후 임신하여 요한을 낳게 되는 사건,
○ 그로부터 6개월 뒤 요셉과 결혼하기도 전에 예수의 어머니 마리아(엘리 사벳
  의 사촌동생)가 역시 같은 천사 가브리엘의 방문을 받고 난 후 곧 임신하여
  예수를 낳게 되는 사건
  【성서의 뿌리-성경 속의 성, 하권 252장: 예수는 여호와 신의 독생자가 아닌
  차남이었다】

9 처녀수태를 둘러싼 복음서들 간의 상반된 주장

○ 처녀수태를 옹호하는 야고보 원복음서

야고보 원복음서The Gospel of the Protevangelium of James에서는 마리아의 처녀수태를 적극 옹호하고 있다. 한편 빌립 복음서에서는 마리아의 처녀수태를 거짓이라고 밝히고 있다.

이 《성서의 뿌리》 시리즈의 하나인 《야고보 원복음서[16:3~6, 16:3~4]》와 《성경 속의 성2권》는 유대인들이 마리아의 처녀수태를 의심하여, 이런 경우 유대교에서 시행하는 약물 시험간통 혐의자에 대한 신명/神明 재판으로, 민수기[5:11~1]의 규정은 '저주의 물'을 먹임을 행하는 내용이 나온다.

> † 대제사장은 이어서, 당신들에게 주님의 '저주의 물'을 내리겠소. 그러면 당신들의 간통죄가 분명하게 드러날 것이오.
> 그리하여 대제사장은 저주의 물을 가져다 … 마리아에게도 마시게 한 후 광야로 보냈다. 그녀 역시 무사히 돌아왔다. 사람들은 그들의 죄가 드러나지 않은데 크게 놀랐다.　　　　　　[야고보 원복음서 16:3~6]

> † 그러자 살로메가 말하기를, … 내 손가락을 넣어 그녀의 (질의) 상태를 살펴보기 전에는 처녀가 아이를 낳았다는 말을 결코 믿을 수 없어요. 여성은 출산과 성관계 등으로 인해 질 근육이 느슨해지고 질 내부가 넓어지므로, 산파들은 손가락을 질 입구에 넣어 처녀여부를 알 수 있다고 한다.
> 살로메는 마리아의 (질) 속에 손가락을 넣었다. 이윽고 살로메가 큰 소리로 울며, 내 죄와 불신앙으로 벌을 받았도다. …
> 보라, 내 손이 불에 타 없어지고 있지 않은가! 하고 말하였다.
> 　　　　　　　　　　　　　　　　　　　[야고보 원복음서 16:3~6]

○ 처녀수태를 부정하는 빌립 복음서

1945년 이집트 카이로 남부에서 한 농부가 땅속에 묻혀 있는 봉인된 단지를 발견하였다. 그 안에는 고대 콥트어로 쓴 많은 원본 성서문서들이 들어 있었다.

이 파피루스 문서군은 발견된 지명을 따서 나그 하마디 문서Nag Hammadi Codices라 불리는데, 이 문서군에는 도마 복음서 등의 다른 복음서들과 함께 빌립 복음서The Gospel of Philip도 들어 있었다.

신약성서는 4세기에 로마황제의 정치적인 힘에 의해 정경이 채택되었으며 성서 편집과정에서도 극심했던 왜곡을 겪었다.

나그 하마디 문서군은 왜곡을 겪기 이전의 문서들로서, 현재의 신약성서에서는 삭제되어 버린 원래의 내용들을 온전히 담고 있다는 점에서 기독교계를 당황케 하고 긴장케 하였다.

빌립은 12사도의 한 명으로, 발견된 빌립 복음서The Gospel of Philip는 40~140년경 시리아에서 편집된 것이다.

이 복음서는 기독교에서 가장 언급하고 싶지 않은 약점인 처녀수태와 동정녀 탄생의 허구를 직설적으로 다루었기 때문에 기독교 최대의 금서로 낙인찍혀 박해와 탄압을 받았다.

과거 기독교에서는 마리아 처녀수태의 허위를 드러낸다는 이유로 《도마 복음서》나 《빌립 복음서》 등을 말살하였으며 소유한 자가 발견되면 화형에 처하였다.

> † 어떤 이들은 마리아가 성령으로 임신했다고 말하였다. 그들은 틀렸다. 그들은 자기들이 무슨 말을 하는지도 알지 못한다. (그렇다면) 여자가 여자에 의해 수태를 한 적은 있던가? [빌립 복음서 17장]

❷ 테오토코스 vs 크리스토코스

테오토코스Theotokos: theo-「God」+ tokos「childbirth」는 '신을 낳은 자, 신의 어머니Mother of God: Mother of Incarnate God: Mater Dei(L.)'라는 뜻이다.

크리스토코스Christokos는 '그리스도를 낳은 자; 그리스도의 어머니'라는 뜻이다.

마리아는 신이 아닌 인간이지만, 예수라는 신을 낳았다. 그러므로 마리아는 테오토코스신을 낳은 자: 신의 어머니라고 한다.

테오토코스가 된 마리아는 단순히 그리스도의 신성을 확보해주는 역할에서 스스로 신적인 지위를 획득하기 시작하였다.

마리아를 테오토코스Theotokos로 부를 것인가, 크리스토코스Christokos로 부를 것인가 하는 문제는 콘스탄티노플 주교 네스토리우스Nestorius of Constantinople, 386~450와 알렉산드리아의 주교 키릴루스Cyril of Alexandria, 376~444의 논쟁에서 시작되었다.

테오토코스라는 용어는 사실 마리아의 위상보다는 예수의 위상을 다지기 위한 전략이었다. 즉 예수를 인간이 아닌 신으로 승격시키기 위한 디딤돌이었다.

◀ 콘스탄티노플의 주교
   네스토리우스(좌),

◀ 알렉산드리아의 주교
   키릴루스(우)

[네스토리우스의 주장]

- 여호와 신의 로고스에는 인간적인 속성이 없다.
- 그리스도 안에는 인성과 신성이 병존하지만, 이 두 속성은 결코 하나로 융합되지 않는다. 인성과 신성은 분리되어 있다.
- 피조된 인간이 하나님을 낳을 수는 없다. 따라서 진정한 의미에서 마리아가 하나님의 어머니일 수 없다.
- 인간인 마리아가 예수에게 신성을 부여한 것이 아니다. 즉 신성이 마리아에게서 온 것이 아니다. 따라서 마리아는 예수 인성의 어머니일 뿐이다.
- 따라서 마리아를 인간 그리스도의 어머니 크리스토코스(Christokos; 그리스도를 낳은 자)라고 부르는 것이 합당하다.

[키릴루스의 주장]

- 그리스도는 완전한 인간이자 하나님으로 인성과 신성이 하나로 융합되어 있다. 신-인간(God-man)의 두 성품의 인격적 결합이다.

[현대 신학자들의 평가]

- 인성과 신성은 하나로 융합될 수 없다.
  만일 하나로 융합된 것이라면, 예수가 십자가에서 죽은 순간에 예수와 하나로 융합되어 있다는 신도 죽었어야 이치에 맞다.
  또한 '주여, 나를 버리시나이까?'하고 기도할 필요도 없었다. 인성과 신성이 하나로 융합되었다면, 자신이 바로 신인데 누구에게 기도를 한단 말인가?

다시 말해, 마리아를 테오토코스Theotokos; 신의 어머니로 부르는 것은 결국 예수를 신으로 승인하는 것이며, 마리아를 크리스토코스Christokos; 그리스도의 어머니로 부르는 것은 결국 예수를 그리스도, 즉 인간으로 인정하는 것이었기 때문이다

431년 제3차 종교회의인 에베소 공의회the Council of Ephesus; 마리아를 하나님(신)의 어머니로 숭배할 것을 결의에서 교부들은 교황의 지지를 받고 있던 키릴루스의 견해를 지지하고 네스토리우스를 이단으로 몰아 파문시켰다.

이로써 기독교에서 테오토코스신을 낳은 자; 신의 어머니라는 마리아의 호칭이 공식적으로 승인되고, 예수는 신성과 인성이 하나로 융합된 신이자 인간신인/神人; man-god이 되었다.

❸ 마리아의 평생 동정: 영원한 처녀

마리아의 평생 동정은 성모 마리아가 남자와의 교합 없이 성령에 의하여 처녀의 몸으로 예수를 잉태하였을 뿐 아니라 예수를 낳은 후에도 평생 처녀의 몸으로 살았다는 기독교의 믿음이다.

그러나 기독교 개신교에선 성서에 적혀있는 예수 동생들에 대한 언급을 근거로 마리아의 평생 동정설을 부정한다.

또한 이스라엘인들은 마리아를 '7남매를 낳은 영원한 처녀'라는 반어적 표현으로 칭한다.

마리아는 요셉의 두 번째 부인이었다. 마리아는 요셉의 첫 번째 부인의 사후에 재취로 들어갔다.

도표에서 보듯이, 요셉에게는 전처소생의 두 딸들이 있었는데 마리아와 재혼하기 전에 모두 출가하였다. 마리아가 혼전에 임신하여 들어와 낳은 혼외자 예수를 제외하고, 요셉은 마리아와의 사이에서 4명의 아들과 2명의 딸을 두었다.

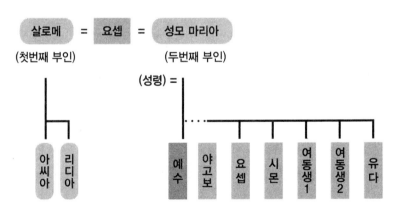

▲ 7남매를 낳은 영원한 처녀

≪성서의 뿌리(신약), pp250-254에서 발췌≫

대개 급조된 이야기들은 많은 허점을 스스로 드러내게 마련인데, 마태복음의 기적적인 탄생비화도 허술하게 요셉과 마리아의 부부관계적인 면을 노출하고 말았다.

> † 아들을 낳기까지 동침하지 아니하더니 낳으매 이름을 예수라 하니라
>
> [마태복음 1:25]

위 구절 어디에 요셉과 마리아가 평생 동침하지 않았다고 나와 있는가? 아들을 낳기까지라고 명백히 하고 있다.

실제로 기독교 개신교파에서는 마리아의 평생 동정설을 터무니없는 것으로 믿는다. 즉 예수 이후로는 요셉과 마리아의 부부생활을 통하여 6남매를 낳았다고 믿는다.

> † 무리가 예수를 둘러앉았다가 여짜오되 보소서 당신의 모친과 동생들
> 과 누이들이 밖에서 찾나이다.   [마가복음 3:32; 마태복음 12:46~47]

> † 이는 그 목수의 아들이 아니냐 그 어머니는 마리아, 그 형제들은 야
> 고보, 요셉, 시몬, 유다라 하지 않느냐 그 누이들은 다 우리와 함께
> 있지 아니하냐 그런즉 이 사람의 이 모든 것이 어디서 났느냐 하고
>
> [마태복음 13:55~56]

기독교에서는 마리아의 평생 동정설을 고수하기 위해, 아무런 근거도 없이 예수의 형제들을 전처소생이나 4촌들로 돌려버리거나, 심지어는 마리아를 만날 당시 요셉은 너무 늙어서 이미 성 불능이었다는 설까지 만들어내기에 이르렀다.

여성은 폐경기를 지나게 되면 욕구가 급격히 감소하지만, 남자는 아무리 늙어도 문지방 넘을 힘만 있어도 애를 만들 수 있다는 성의학자들의 말이 괜한 속설이 아닌 것이다.

❹ 마리아의 원죄 없는 잉태(무염시태)

성모 마리아는 그리스도를 잉태할 여인으로 정해졌기에 그의 어머니 안나의 몸에서 원죄에 물듦 없이 잉태되어 태어났어났다는 기독교의 믿음이다.

무염시태無染始胎: Immaculate Conception; 마리아가 그의 어머니 안나의 몸에서 원죄 없이 잉태됨 교리는 왜 필요하게 되었나?

예수가 원죄 없이 태어나기 위해서는 우선 그 어머니 마리아부터 흠 없이 태어나야만 하였다. 마리아가 보통 인간처럼 원죄를 안고 태어났다면, 원죄 있는 몸으로 원죄 없는 예수를 낳았다는 오류가 발생하게 되기 때문이었다.

그래서 기독교 교부들은 마리아가 그의 어머니 안나의 몸에서 원죄 없이 잉태되어 태어났다는 교의를 정하게 된 것이다.

마리아의 원죄 없는 잉태는 사실 마리아의 원죄 없음 그 자체보다는 예수가 원죄 없이 태어난 구세주라는 믿음을 다지기 위한 사전포석이었다.

1854년 교황 비오 9세는 회칙을 통해 마리아의 무염시태無染始胎, 즉 마리아가 원죄 없이 잉태되었음을 교의로 장엄하게 선포하였다.

신약 4복음서에서는 마리아의 어머니 안나에 관한 내용이 완전히 삭제되어 단 한 마디의 언급도 볼 수 없다.

오늘날 기독교에서 알고 있는 마리아의 어머니 안나에 관한 정보는 오로지 마리아의 어린 시절 기록이나 예수의 어린 시절 기록이 담겨 있는 《마리아 탄생 복음서》, 《의사 마태 복음서》, 《야고보의 원복음서》 등에서 온 것이다.

❺ 성모 안식 또는 성모 승천

마리아가 지상에서의 생애를 마친 후, 안식에 들었거나 하느님의 은
총으로 육신과 영혼이 모두 천국으로 들어 올려 졌다는 교의이다.

◀ 성모 승천
Bartolome Esteban Murillo
1670s
Hermitage, St. Petersburg, Russia

동방 정교회에서는 성모 안식을, 로마 가톨릭교회에서는 성모 몽소
승천 교리를 믿는다는 점에서 차이가 있다.

동방 정교회에서 믿는 성모 안식은 마리아가 사도들에게 둘러싸인
채 깊이 영면에 들었다고 한다.

로마 가톨릭교회에서 믿는 성모승천聖母昇天; 몽소승천/蒙召昇天;
Assumption of the Virgin은 마리아의 몸이 사후 묘 속에서 부패하지 않고
천사들에 의해 하늘로 들어 올려 졌다고 한다.

이 신앙은 4~5세기부터 민간에서 전해져 오던 것을 1950년 교황 비
오 12세가 정식 교의로 선포하였다.

이들 마리아의 안식, 또는 몽소승천 교의는 각 기독교 교파에 따라
받아들여지거나 저항을 받으면서 시대와 함께 확립된 것이다.

제4장 마리아 여신

하늘의 여왕the Queen of Heaven은 고대 지중해와 근동 전역에서 숭배된 위대한 여신들에게 주어지는 칭호였다.

구약에도 예레미야가 그 숭배를 비난하는 대목이 나온다.

> † 자식들은 나무를 줍고 아버지들은 불을 피우며 부녀들은 가루를 반죽하여 하늘의 여왕을 위하여 과자를 만들며 그들이 또 다른 신들에게 술을 부음으로 나의 노를 일으키느니라.　　　[예레미야 7:18~20]

구약 예레미야에 등장하는 하늘의 여왕the Queen of Heaven은 당시 중근동에서 크게 숭배되던 아스타르테Astarte; Ashtoreth/아스다롯 여신을 가리킨다.

아스타르테는 북서부 셈족지역에서 알려진 여신의 이름으로, 메소포타미아의 여신 이시타르와 이름, 기원 및 기능이 동일하다.

이쉬타르 여신은 본래 수메르의 풍요와 다산의 여신인 이난나Inanna가 그 원형인데, 그녀는 가나안에서는 아쉐라Asherah, 아나트Anat, 페니키아에서는 아스타르테Astarte; Ashtoreth/아스다롯, 이집트에서는 이시스Isis, 아르메니아에서는 아스트직Astghik 등으로 불렸다.

이처럼 '하늘의 여왕, 천국의 여왕'은 고대 지중해와 근동 전역에서 숭배된 위대한 여신들에게 주어지는 칭호였다.

그리스 로마 시대에는 헤라Hera; Juno(L) 역시 이 칭호를 지녔다.

▲ 하늘의 여왕 이난나
발밑에 사자를 거느리고 있다.
고대 아카디아 원통형인장,
2334-2154 BCE

▲ 하늘의 여왕 마리아
발밑에 사자를 거느리고 있다.

그러나 기독교가 침투하면서 이 모든 여신들을 모조리 파괴하고 흡수하여 마리아 여신으로 대체하기 시작하였다.

이집트의 이시스신, 시리아의 아스타르테신, 소아시아의 아르테미스신이나 키벨레신, 그리스의 데메테르신이나 아테나신, 나아가서 켈트나 게르만의 모신 등을 모조리 흡수 통합하여 마리아 여신이 만들어졌다.

마리아 여신은 이 여신들의 종합 합성판이다. 마리아는 이렇게 세계 어느 나라 신화 속의 여신보다 더 강력한 신화 속의 여신이요, 하늘의 황후로 등극하게 되었다.

천상의 모후Regina Caeli라 불리는 그 이면에는 이처럼 피비린내 나는 종교말살의 전쟁이 있었던 것이다.

뻐꾸기라는 새는 탁란托卵; deposition; 자기 스스로 둥지를 만들지 않고 다른 새의 둥지에 침투하여 알을 낳으며, 부화한 뻐꾸기 새끼는 숙주 새의 진짜 새끼들을 모조리 둥지 밖으로 밀어내 떨어뜨려 죽이고 먹이를 독차지 함한다.

마치 뻐꾸기처럼 다른 새의 둥지에 침투하여 주인을 모조리 둥지 밖으로 밀어내고 둥지를 차지하는 기독교 특유의 속성 때문에 기독교는 '뻐꾸기 종교' 라고 불리기도 한다.

　　기독교가 용어, 의식, 교리 등에 있어서, 다른 선주 종교에 침투하여 그 숙주종교를 밀어내고 대신하여 차지하는 이른바 '뻐꾸기 종교' 의 속성을 드러내는 예는 수없이 많다.

◀ 키벨레 신전에서 마리아 신전으로
키벨레 여신의 신전에 마리아가 밀고 들어와 앉아 마리아 성당 (Sancta Maria Rotunda)이 되었다.

◀ 아테나 신전에서 마리아 신전으로
그리스 로마의 여러 도시를 지켜 주는 신 아테나-미네르바(Minerva; Athena Gk)의 신전에 마리아가 밀고 들어 와 앉아 마리아 신전 (Santa Maria Sopra)으로 바뀌었다.

◀ 헤라 신전에서 마리아 신전으로
임신한 여자들을 보호하는 헤라 (Hera; Juno(L))의 신전에 마리아가 밀고 들어와 앉아 마리아 신전으로 바뀌었다.

로마의 수호신 키벨레Cybele; 풍요와 다산의 여신 신전이 마리아의 성당이 되어 키벨레 대신 마리아가 로마의 수호신으로 들어앉은 것을 시작으로, 타흐리르Tahrir의 페니키아 여신을 모신 신전 등에도 모조리 마리아가 밀고 들어와 앉아 모두 마리아 신전이 되었다.

또한 키프로스 섬의 아름다운 비너스Venus; Aphrodite(Gk) 신전도 파괴되어 마리아 신전으로 바뀌었다. 그리스 로마의 여러 도시를 지켜주는 신 미네르바Minerva; Athena(Gk)의 신전도 마리아 신전으로 바뀌고, 항해자를 보호하는 이시스 신, 임신한 여자들을 보호하는 헤라Hera; Juno(L)의 신전도 모두 마리아 신전으로 바뀌었다.

380년 로마제국의 테오도시우스 황제는 기독교를 국교로 선포하여 그 공로로 밀라노 주교 암브로시우스Ambrosius. 339~397; 기독교 교부로부터 '대제'라는 칭호를 받았다.

그 후, 그는 암브로시우스로 하여금 타종교의 성소聖所들을 모조리 파괴시켜 버리게 하였다. 기독교는 실로 밴덜리즘의 진수를 유감없이 보여주었다.

제5장 이슬람 경전에서의 마리아

이슬람교에서도 마리아는 중요한 위치를 차지하는 인물로서, 이슬람교에서는 꾸란의 한 장 전체를 예수의 어머니 마리아에게 할애하여 찬양하고 있다. 바로 《제19장 마리얌Surah/수라(장/章) 19 Maryam》, 즉 일명 '마리아 장章'이다.

《꾸란》에 나오는 마리아의 탄생 이야기와 12세 때까지 성전에서 살다가 이후 예수를 임신하게 되는 이야기 등은 저 유명한 《야고보 원복음서Protoevangelium of James》와 같다. 또한 동방교회의 예수관 형성에도 많은 영향을 끼쳤다.

▲ 기독교와 이슬람 성화에서의 《수태고지(受胎告知; 임신했음을 알림)》
기독교에서의 가브리엘(Gabriel) 천사와 마리아(Mary)는 이슬람교에서는 지브라일(Jibrail; Jibril; Gibril/지브릴) 천사와 마리얌(Maryam)이라 한다.

☪ 저는 처녀로 아무도 저에게 손을 댄 일이 없는데 어떻게 제가 아들을 갖겠습니까? 　　　　　　　　　　　　　　　　　　　　　　[꾸란 19:20]

✝ 마리아가 천사에게 말하되 나는 사내를 알지 못하니 어찌 이 일이 있으리까 　　　　　　　　　　　　　　　　　　　　　　　[누가복음 1:35]

《꾸란》에서 신Allah/알라; God; 유대교에서는 아람어로 엘라/Elah 《아라비아에서 발견된 예수의 잃어버린 12년. p30 참조》은 마리아를 선택하여 정결한 여인이 되게 하였고 모든 여인의 위에 두었으며[3:42], 그녀가 낳을 아들 예수 는 신의 사도요, 신이 마리아에게 주신 말씀이고 신으로부터 나온 영이 라 말한다[4:171].

예수를 임신한 마리아가 출산을 앞두고 진통이 너무 심하여 '차라리 죽어 버렸으면' 하고 고통을 호소한다. 그러자 신이 함께 하신다는 위로 와 함께 대추야자 열매를 먹으며 마음을 가라앉히라는 음성을 듣는다.

> ☾ … 그녀는 잉태하고 멀리 떨어진 곳으로 옮겨갔더라 출산의 진통이 심하여 그녀는 종려나무 줄기에 기대고 말하길 '이전에 죽어버렸다면 조용히 잊어버릴 수 있는 일인데' 그때 종려나무 밑에서 천사가 그녀 를 부르더니 슬퍼하지 말라 네 주님께서 네 밑에 흐르는 냇물을 두셨 노라 종려나무 줄기를 네가 있는 쪽으로 흔들어라 그러면 잘 익은 열 매가 너에게로 떨어지리니 먹고 마시어 마음을 평안케 하라.
>
> [꾸란 19:22-26]

… 예수를 임신한 마리아가 출산을 앞두고 진통이 너무 심하여 '차라리 죽어 버렸으면' 하고 고통을 호소한다.

그러자 신이 함께 하신다는 위로와 함께 대추야 자 열매를 먹으며 마음을 가라앉히라는 음성을 듣 는다.